監修者――佐藤次高／木村靖二／岸本美緒

［カバー表写真］
アマルフィ，ドゥオモ広場

［カバー裏写真］
マラケシュ，緑と水のある美しい中庭

［扉写真］
カサレス，ピクチャレスクな風景をみせる斜面都市

世界史リブレット73

地中海世界の都市と住居

Jinnai Hidenobu
陣内秀信

目次

多様な都市の生活空間の成立

地中海を取り巻く地域は、世界のなかでも、もっとも古い都市文明を今日まで受け継いできたところといえる。古代のエジプトも、メソポタミアの文明も、その後の地中海世界の都市や建築のあり方に大きな影響を与えた。古典古代のギリシア、そしてヘレニズム、あるいはフェニキア、その後のローマなど、古代の文明はいずれも高度に発達した市民生活のための都市を生み、気候風土に合い社会や家族のあり方にも適した住居の形態をつくりだした。

ローマ帝国分裂後、西ヨーロッパでは都市が衰退するが、東ローマのもとでは高度な文明が持続し、さらには、七世紀、イスラーム教の誕生とともに、都市の文明がより発達することになった。イスラームの世界には、古代に起源をもつもの、中世に新規に生まれたものの両方を含め、どの地域にも繁栄した都市が数多く形成された。

ヨーロッパのなかでは、地中海に面するイタリアの四つの海洋都市国家、アマルフィ、ピサ、ジェノヴァ、ヴェネツィアがビザンツ帝国やアラブ・イスラームの諸国との交易によって、大きな富をえて、経済的繁栄のもと、いち早く華やかな都市文化を生み出した。その活動が、中世の西ヨーロッパに都市が復興してくるうえで、大きなきっかけとなった。

イタリアでの都市の復興は全般的に早かった。中北部のイタリアでは、自治都市がはぐくまれ、都市国家を形成した。その中世都市の蓄積のうえに、ルネサンスが十五世紀に生まれたことは重要である。

こうした歴史をもつ地中海世界には、個性豊かで私たちを魅了する都市がたくさんある。海を媒介に多くの民族がゆきかい、また争い、その交流のなかで多彩な文化が生まれ、特徴ある都市が各地につくられることにもなった。

それぞれの地域の気候風土に見合い、独自の地形条件を生かした都市の数々が眼を奪う。海沿いの、あるいは丘陵の多い変化に富んだ地形の上に、象徴的な風景の演出もなされた。イスラーム圏の乾燥地帯の内陸部には、水を集めて豊かなオアシス都市が形成された。古代、そして中世の古い時期を皮切りに、幾層にも歴史の重なりをみせるのも、地中海世界の都市ならではの特徴である。

そして、長い歴史の経験でつちかわれた、大勢の人びとが一緒に住むための知恵や技術が受け継がれ、高密ながら使いやすく、また居心地のよい魅力的な都市空間を生んだのである。自然の恵みをもつ開放的な風土のなかで、広場、街路、中庭、袋小路など、外部空間がおおいに生かされ、成熟した都市社会における人びとの交流の場として活発に使われてきたのも、地中海世界の大きな特徴といえる。

本書では、私個人で、あるいは法政大学の陣内研究室として学生諸君と一緒にフィールド調査をおこなってきた対象を事例として取り上げながら、地中海世界に連綿と続いてきた都市と居住の歴史を振り返り、現代の視点もいれてその価値を考えてみたい。

ダマスクス旧市街の家並み　モスクのミナレットより眺める。

①―イスラーム世界

ダマスクス――シルクロードの拠点都市

　同じ地中海世界でも、イスラーム圏の都市では、街路はより狭く複雑で、いわゆる広場はほとんどみあたらない。スークの喧騒もヨーロッパ都市とは異質にみえる。しかし、南欧の都市も、中世にはじつは道がより曲がり、庇や外階段が路上に突き出し、洗濯物がはためき、渾沌《こんとん》とした状況であったに違いない。さまざまな絵画的史料がそれを裏づける。ある意味で、イスラーム世界の都市が今見せる要素をずっと多くもっていたと考えられよう。中北部のイタリア、フランスなどで十二～十四世紀にかけて、規則正しい計画的な都市が建設され、ルネサンス以後は、遠近法的な空間を志向する美意識、さらには権威主義的な都市景観を求める価値観、そして馬車の通行などの交通手段の変革などにより、ヨーロッパ都市は直線的で整然とした街路景観をもつようになった。だが中世の早い段階では、むしろイスラームの都市と同じような空間の体質をもっていたことをE・グイドーニ▲は強調する。地中海世界の都市を語るのに、その源流により近いと思われるイスラーム世界から始めるのがふさわしい。
その代表的な都市、ダマスクスをまずはみよう。同じシリアのアレッポと並び、今も生きつづける世界最古の都市の一つで、『聖書』にも『千夜一夜物語』にも登場する重要な都市である。シリアの南部に位置し、シルクロードをつうじた交易の中心地の役割を演じた。背後に聳《そび》える山脈から流れる川が、緑に包まれたオアシス都市としての繁栄を生んだ。

現在のダマスクスをみると、その中心部に、城壁に囲われた旧市街がある。もともと古い都市核が存在していた場所に、古代ギリシア、ローマの支配を受けた時代に、都市が本格的に建設され、前一世紀には今日われわれが見る旧市街の骨格ができた。ヘレニズム▲都市として計画的につくられた格子状の町割そのものも、基本的にはまだ受け継がれている。街のあちこちに古代の円柱や石積みを残し、さらには立派な記念門も保存されている。ビザンツ支配をへて、その後、中世以降のイスラーム時代に移る。七世紀にはアラブの支配下にはいり、以後おおいに繁栄し、十六世紀にはオスマン帝国▲が支配した。こうしたイスラームの時代に、新たな社会の要請のもと、現在見られるような中庭型の住

▼エンリコ・グイドーニ Enrico Guidoni（一九三九〜二〇〇七）　ローマ大学で長く教鞭をとり、イタリアにおける都市史研究を牽引した。トスカーナの中世都市史からスタートし、ヨーロッパの都市史まで、幅広い研究業績をもつ。アラブ世界との関係をも論ずる。*Storia della citta*（都市史）の専門誌シリーズの刊行責任者でもあった。

▼ヘレニズム　アレクサンドロス大王の東方遠征によって東方文化と融合して生まれた後期のギリシア文明。東地中海、オリエント地域の各地にその時代の都市が計画的に形成された。

▼オスマン帝国　中央アジアから移住したトルコ族が十三世紀末に、ビザンツ帝国の衰退に乗じてアナトリア西部に建国したイスラーム国家。一四五三年、コンスタンティノープルを陥落させ、ビザンツ帝国を滅ぼした。十六世紀に大きく勢力を伸ばし、領土は北アフリカ、西アジア、東ヨーロッパまで広がった。一九二二年のトルコ革命で滅亡。

ウマイヤ・モスク

▼**イスラーム法**　イスラーム共同体の成員のだれもが従うべき規則、規範で、宗教的・世俗的生活のすべてにおよぶ。環境形成においても隣人間で紛争が生じないよう、建設にかんするガイドラインがイスラーム法の発展にともなって整備された。近隣に迷惑をかけないように建物相互の関係や利害を調整し、家の内部のプライバシーを守りながら、優れた住環境をつくるための知恵の体系となっている。B・S・ハキーム、佐藤次高監訳『イスラーム都市——アラブのまちづくりの原理』(第三書館、一九九〇年)参照。

宅形態、折れ曲がった街路や袋小路をもつ複雑に入り組んだ都市の性格を強めたと考えられるが、西アジアには少なくとも紀元前二〇〇〇年の古い時代からこうした複雑系の都市の形態は存在しており、イスラーム支配が迷宮をもたらしたというわけではない。ただ、過去からの英知を取り込んだイスラーム法▲の存在が、高い質を保った住環境の形成のためのルールを細かく規定していたからこそ、複雑にみえる市街地の形成が可能になったといえよう。

そもそも地中海世界の人びとにとって、外部から侵されない安全で快適な近隣社会や家族の生活を保障するにも、複雑に組み立てられる都市は理にかなっていた。一方、新天地に都市を建設するさいには、碁盤目や格子状の明快な構造をもつ都市を計画的につくる発想と技術を早くから示したのである。ダマスクスには、こうした二つの原理をもつ都市空間のあり方が、興味深いかたちでかさなっているのである。

旧市街の中心、ウマイヤ・モスクは、古代には神殿のある神域だった所で、まわりに市場が立っていた。四世紀以降のビザンツ時代になると、キリスト教徒を中心とした街になった。神殿の場所が洗礼者ヨハネに捧げられた教会にか

●―ダマスクス旧市街図

●―ダマスクス旧市街の模型（ダマスクス歴史博物館所蔵）

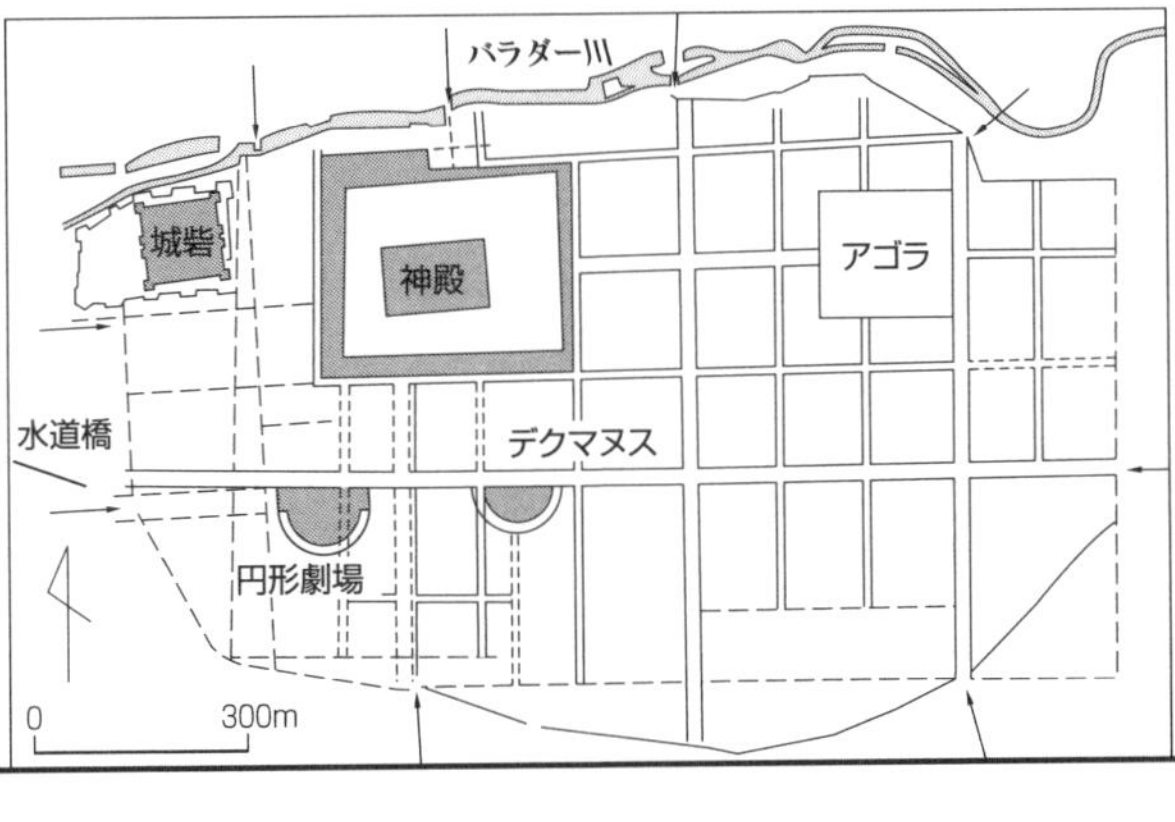

●―古代のダマスクス（J. Sauvagetによる図をもとに加筆作成）

わり、さらに八世紀初頭にはそれが大モスクに転じたというダイナミックな歴史がある。その転換点で一時期、モスクと教会が共存していたこともある。

商業活動が集積するスーク

イスラーム社会になって、大モスクの周辺、とくにその西側と南側に商業活動の集積が著しく高まり、さまざまな品物や人びとの賑わいにあふれた喧騒の巨大なスーク(市場)▲が形成された。かつて、ダマスクスはキャラバンの重要な拠点であったため、人、モノ、情報が各地から大量に集まり、スークはより巨大になっていった。

スークの街路には、ヴォールト▲やドームで屋根が架かり、アーケードになっている。中東の都市に共通するスークの特徴だ。アーケードの上には、ほぼ等間隔に穴が穿《うが》たれ、光や空気を取り入れる。こうしてスーク内の環境を人工化し、夏の熱さの厳しい乾燥地帯でも、内部に快適な環境を生み出している。

道の両側には、間口も奥行も小さい店舗がぎっしり連なり、店先には商品が所狭しと並んでいる。店舗は貴金属、カーペット、衣類、香料というように、

スークの店先

▼スーク　アラビア語の市場。ペルシア語のバーザール、トルコ語のチャルシュにあたる。商人が重要な役割をはたすイスラーム世界では都市に市場が発達した。中心部の店舗、商業施設が集積した恒常的な市場と、城壁の外に立つ仮設的な市場とがある。

▼ヴォールト　アーチをもととした石造や煉瓦造の曲面天井の総称。

▼ハーン　アラビア語の隊商宿。ペルシア語のキャラバンサライと同じ施設。街道沿いに立地する純然たる隊商宿にたいして、都市には市場の機能と結びついて商業機能と宿泊機能をかね備える、都市型隊商施設

といえるものがつくられた。アラブ世界ではフンドゥクの名称も広く用いられる。

ダマスクスのハーン

アレッポの屋根の架かったスーク
左はハーンの入り口。

商品ごとにゾーニングされているのが特徴である。店舗群のあいだからアプローチをとって、奥に中庭を囲むハーン（隊商宿）▲がおかれている。ダマスクス旧市街には一八棟のハーンが現存しているが、そのほとんどが十六世紀以降のオスマン朝期に建てられ、二棟がそれ以前のものである。どれも石造で二階建ての中庭形式をとり、一階は商品を保管する倉庫および卸売り商人の事務所として使われ、二階は宿泊施設にあてられていた。あつかう商品はやはりゾーンごとに特徴があった。中庭には噴水があり、心地よい空間となっている。イスラーム世界のハーンやキャラバンサライは通常、全面上がぬけた開放的な中庭をとるが、ダマスクスでは独特の方法として、ドームの上半分を切り取った被いがかかる。現在では、工場や倉庫として使われているものが多く、店舗がはいりこんだものもある。

じつは、ダマスクスのスークの重要部分は一九二〇年ころの火災で消失し、現在の形態は、再開発を受けたあとのものである。その本来の姿を想像するには、アレッポのスークが参考になる。

ダマスクス同様、アレッポの旧市街でも、古代の格子状都市構造が中世に変容を受けながらも、その基本形を受け継ぎ、大モスクを中心にその周辺に大きな商業ゾーンとしてのスークが発達した。こうした商業機能の集積した都心は、外部からくる商人や旅人にとってわかりやすいほうがよい。したがって、古代の格子状の都市構造を壊すことなく、城門から東西道路をまっすぐ歩けば、都心にたどりつけるようになっている。古い形式をそのまま残すアレッポの重厚なドーム、ヴォールトの架かったスークの空間の迫力には圧倒される。

旧市街の中心部を占めるこうしたスークは、基本的にビジネス空間であり、そこに人は住まない。したがって、夕方になると、鍵をかけ、商人たちは帰宅してしまう。そこは男中心の公的世界ということができる。とくにアレッポには、街路の要所要所に鍵をかけて、夜間はスーク全体を閉じるシステムがじつによく生きている。

そのスークには、ハーン以外にも、ところどころ、寛ぎや社交の場として、ハンマーム（公衆浴場）▲やマクハー（コーヒー店）▲、そしてモスクやマドラサ（イスラーム学院）▲などの宗教施設が設けられている。古代のローマ人の風呂好きは有名だが、キリスト教のヨーロッパではうすれたのにたいし、それをそっくり

▼ハンマーム　中東全域に広くみられる伝統的な公衆浴場。トルコ語ではハマームという。心とともに身体を清潔に保つことを重んじ、とくに礼拝の前に身を清めるよう説くイスラームの教えに合致することもあって、浴場が広まった。

▼マクハー　アラビア語のコーヒー店。コーヒーと同義のカフワもコーヒー店の意によく使われる。男の娯楽の場であり、社交場、同時に情報交換の場であった。コーヒー、茶に加え、水タバコも欠かせない存在である。

▼マドラサ　教育施設を意味するアラビア語。伝統的にはウラマー（イスラームの学者、宗教指導者）を育成するための高等教育施設を指すが、子どもたちのコーラン朗誦塾なども含む。モスクと併設されることも多く、寄進財産で運営される。

●—イスタンブルの公衆浴場　十九世紀の版画。

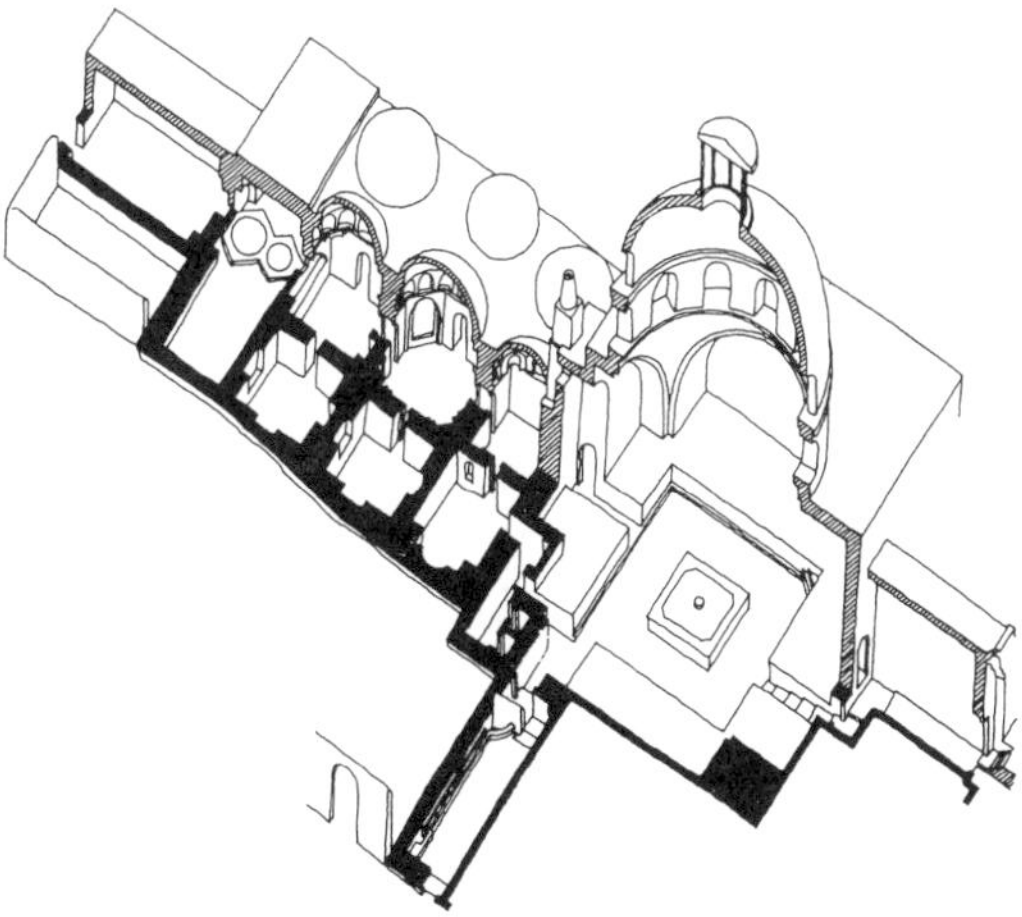

●—ダマスクスの公衆浴場

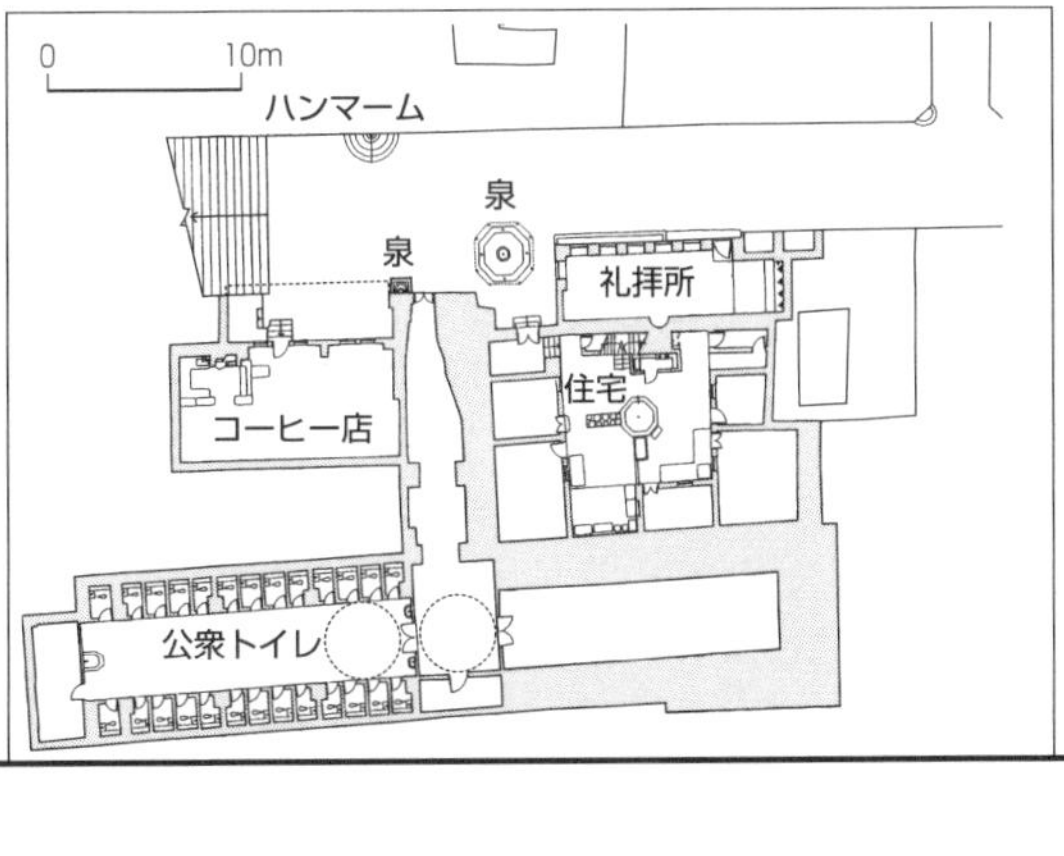

●—ダマスクスのコミュニティ施設

道に開いたコーヒー店

受け継いだのがイスラーム世界だった。ダマスクスの公衆浴場では、道路から階段を少し降りた所に、まず脱衣所でもあるサロンがある。風呂上りに寛ぐ交流の場でもある。大きなドームが架かったシンボリックな空間の中央には、涼しげに噴水が立ち上がり、快適な空間が生まれている。内部にはいると、大理石の床と壁でできた立派な浴室が続き、奥へ行くほど温度と湿度がまして、身体がほぐれるように工夫されている。

アラブ世界では、コミュニティ施設としても重要だったハンマームは、結婚式の前に、花嫁の身づくろいの儀式のために借り切って、親戚や友人を招いて賑やかに宴会をおこなうような、象徴的な意味をもつ場だったという。都市の公的空間では自由が束縛されていた女性にとってはとくに、ハンマームは楽しい寛ぎの場でもあり、また母親たちが息子の嫁を探すのにも格好の場であったようである。

ダマスクスのウマイヤ・モスクのすぐ東側に、コーヒー店、公衆浴場、簡易礼拝所、公衆トイレ、そして床屋が集まった、コミュニティ・センターのような場所がある。ここはちょうどスークと住宅街の境界にあたるのが興味深い。

二つのコーヒー店が眼を引く。いずれも店先では、通りに面して椅子を並べて腰かけ、アラブコーヒーやお茶(チャイ)を飲んだり、水タバコを吸っている。店のなかには、カードゲームに興じる人たちが多い。

アラブ都市には、ヨーロッパ都市のような華やかな公共空間としての広場はないが、多目的に使われるモスクやハーンの中庭、またこうしたハンマームやコーヒー店の空間など、人びとが集まり交流する場が数多くちりばめられ、ネットワーク化している。ヨーロッパよりもはるかに高度で複雑な空間のプログラムをもつ都市社会を歴史のなかで築き上げてきたといえよう。

迷宮のなかの中庭型住宅

ダマスクスもアレッポも、中心を少しはずれ、住宅地にはいりこむと、とたんに道路が曲がり、袋小路もふえて、迷宮都市の様相を呈する。イスラーム社会では、ハーラ▲と呼ばれる地区での近隣コミュニティのまとまりが重要で、そこに他所者《よそ》が勝手にはいってこられても困る。また家族というものが重要な役割をもつ。コーランにも、その家族の私的な領域である家は守られねばならな

▼**ハーラ**　都市の近隣地区(通常、街区と訳される)。マハッラともいう。日常生活の基本単位で、ローカルなモスク、公衆浴場、スークなどがある。租税徴収、徴役の単位でもあり、出身地、職業などをともにすることも多く、住民間に相互扶助のコミュニティ意識がはぐくまれた。

トンネルで空間を分節される街路

水と樹木のある中庭

いことが説かれている。したがって、住宅の構成でもっとも重視されるのはプライバシーということになるのだ。喧騒にあふれた公的ビジネス空間から、静かで落ち着いた私的空間にいたるまで、都市は段階的な構成をとり、道路にかんしても、往来の多いメーンストリートから、地区を通る道路、そして末端の袋小路まで、いくつかの段階に分かれている。あちこちに登場するトンネルは、視線をふさぎ、他所者にとって心理的に通り抜けにくいような雰囲気を生む。また袋小路は、外部の人間がはいりこみにくい私的性格の強い空間である。

ダマスクスの住宅地の街路を歩くと、外観はあまり飾られていない。だが、家の扉を開け、折れ曲がる通路をへて中庭にはいると、そこには都市の喧騒から逃れた、落着きのある雰囲気がただよっている。水(噴水)と緑(樹木)を取り込んだ居心地のよい中庭は、アラブ人の「地上に楽園を実現する」という考え方を表現しているようにみえる。その姿は外からは想像もできない。階級の差を問わず、ほとんどの住宅が中庭を囲んで構成されているのが特徴である。

西アジアや北アフリカの都市では、住宅に限らず、すべての建築に中庭型が用いられてきた。モスク、マドラサ、ハーン、病院など、宗教建築や公共建築

▼ウル　ユーフラテス川下流域にあり、ウル第三王朝(前二一〇〇~前二〇〇四年)時代に首都となり、神殿、城壁や住宅群の跡が発掘されている。袋小路が多く、中庭を囲う住宅が高密に集まって市街地をつくる姿は、のちのアラブ・イスラーム世界の都市にも受け継がれた。

もほとんどすべて、中庭を囲う形式を示す。高密な都市を組み立てる基本ユニットとして、こうした中庭型の建築はふさわしい。

石や煉瓦、あるいは日干し煉瓦を積んで壁をつくる建築方法にとっては、中庭を残して、まわりをぐるりと敷地いっぱいに建物で囲う方法が、土地利用の効率からみても合理的である。それぞれの建物内部の良好な環境を保証しながら、高密な市街地を形成できるのだ。

中庭をもつ住宅が、まるで細胞が増殖するように有機的に広がった迷宮のような都市が、アラブ・イスラーム世界の大きな特徴だが、それなりに空間を組み立てる秩序をもち、個々の家のなかには、なんとも快適なミクロコスモスが実現されている。イスラーム社会でもっとも重要な家族のプライバシーを守るうえでも、外から覗かれない中庭型の住宅は都合がよかった。自由には外出できない女性たちも、そのなかでのびのびと暮せたのである。

しかし、こうした中庭型の住宅が連なる市街地は、なにもイスラーム社会の産物ではなく、アラブ世界では、ウル▲の都市遺跡にみられるように、少なくとも紀元前二〇〇〇年のころからつくられてきたことが知られる。それは西アジ

噴水とイーワーンのある中庭

アや北アフリカの熱く乾燥した気候・風土にふさわしく、しかも石や日干し煉瓦でつくられる壁構造の建築にとって理にかなった形式だったといえる。

ダマスクスの伝統的な住宅の中庭は大理石で美しく舗装され、半戸外の居間であるイーワーンとその前あたりの空間が、接客にもよく使われる戸外サロンになる。中庭の中央には噴水がとられ、まわりに柑橘類やジャスミンの樹が植えられている。噴水は見た目の涼しさに加え、気化熱を奪い、実際に気温をさげる働きをするから、厳しい暑さが続く長い夏のあいだも、快適に過ごせる。逆に、その対面には、冬用の日当りのよい居間がとられ、季節によって居場所を変えられるようになっている。中庭の戸外空間は、季節のよい時期ばかりか、冬でも日が射すと心地のよい場所になる。シリアの住宅では、中庭を囲んで、一階はパブリックな性格をもち、接客や昼間のリビングに用いられる。それにたいし、二階は私的性格が強く、男の外来者があると、普段は中庭とそのまわりでゆったり過ごしている女性たちは二階の部屋にはいってでてこない。このようにイスラーム社会の旧市街にみられる伝統的な中庭型住宅は、その使い方がフレキシブルにできている。

●ウルの中庭型住宅群

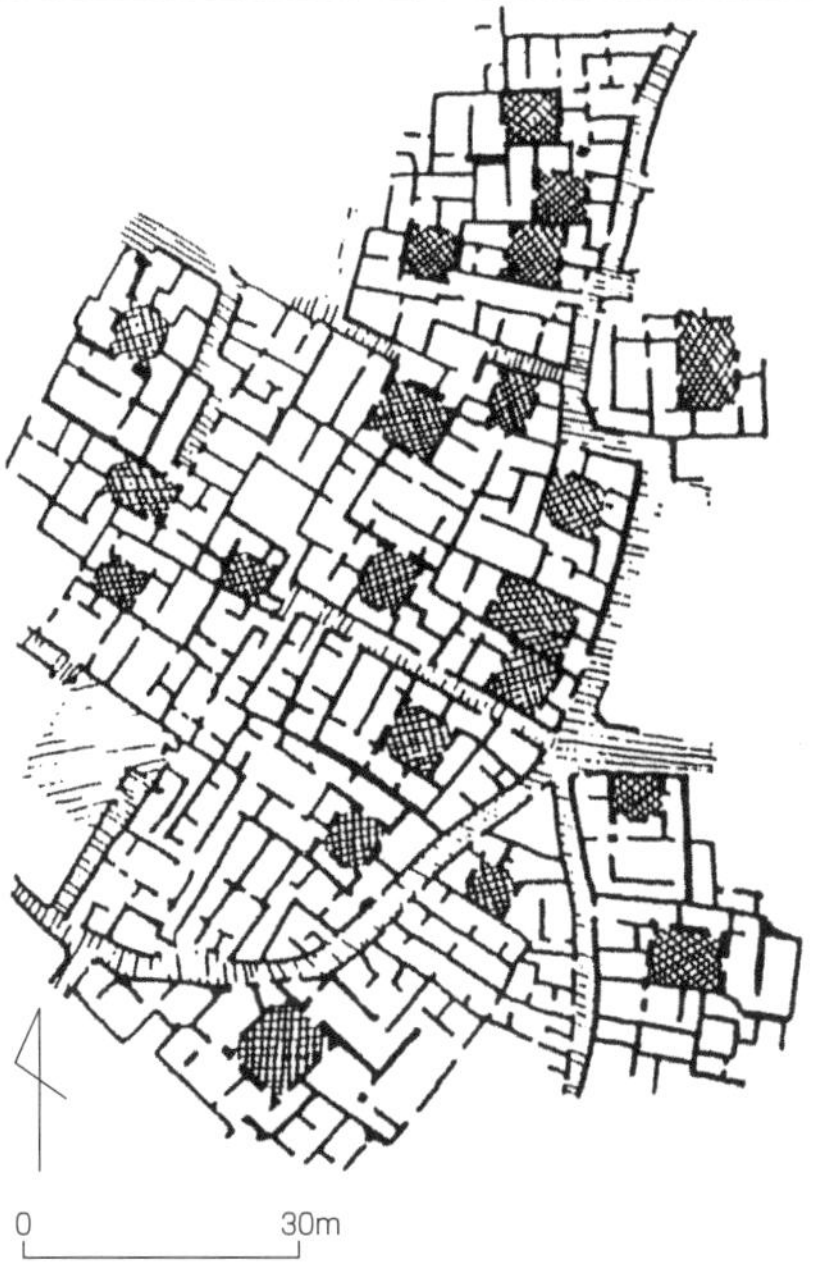

●ダマスクスの典型的な中庭型住宅

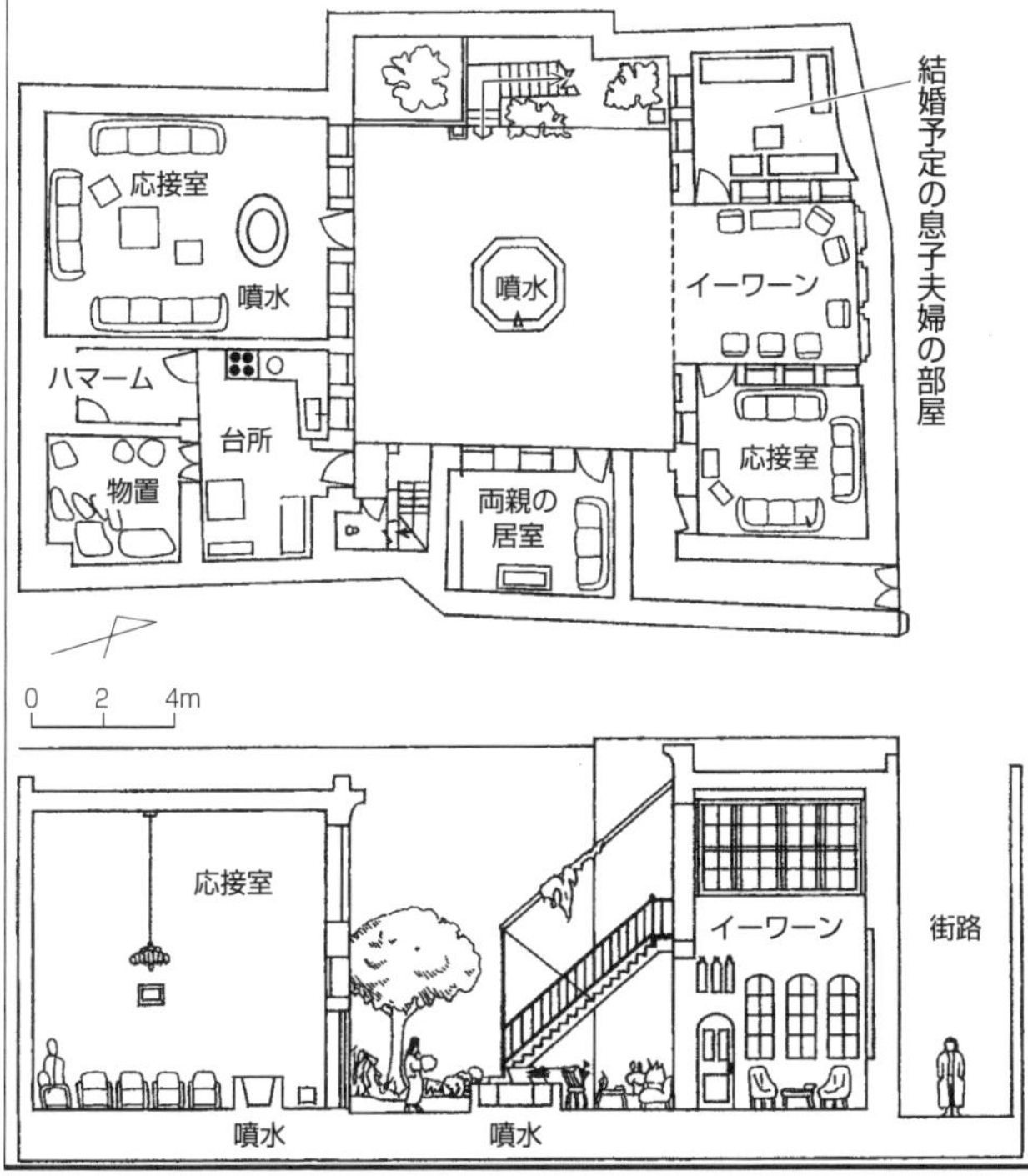

アンダーソン邸　マクァドから中庭越しに女性の空間（マシュラビッヤがつく）の方を見る。

ここでアラブ圏の代表的な都市の一つ、カイロの住宅についても、比較の意味でふれておこう。この大都市の住宅の最大の特徴は、市街地の高密化の要請を受けて、住宅が高層化し、三階さらには四階へと発展していったことである。それにともない、中庭型住宅の使い方も大きく変わった。生活はおもに二階でおこなわれ、中庭そのものを接客空間や居間のように使うことは少なくなる。そのかわり、中庭に開いた二階レベルにある半戸外のマクァドというロッジア（開廊）が、夏にもっとも快適な北向きの快適な居間となっている。

そして、大規模な宴会、セレモニーには、たいてい二階にとられたカーアという大広間（中央部分がやや低く、両サイドに床の少し高い空間を配する）が用いられる。イスラーム世界では、住宅内部は一般に、男性の客をまねく公的な空間と女性の日常的な生活空間とに分かれる。女性の空間は、街路からだけでなく、中庭からも、大広間からも中が覗けないよう、開口部にはマシュラビッヤという格子が伝統的に設けられた。こうした格子は、外からは覗かれない一方、内から外を眺めることができ、室内の開放感はある。大広間での男たちの祝宴を、格子越しに見ることもできる。ハレの日のための男性用の空間も、じつは普段

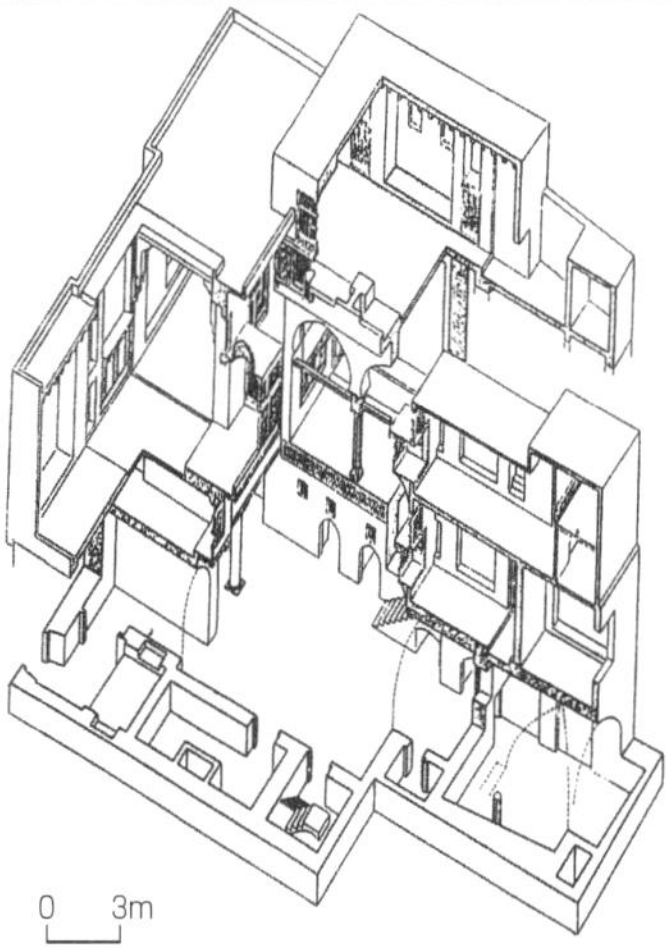

●――サブスーリー邸　アクソメ図
(B. Maury による)

●――カイロの住宅（サブスーリー邸）
平面図(B. Maury による)

●――アンダーソン邸の大広間
女性たちも上部背後から祝宴の光景を眺められる。

▼**アルメニア教会**　東方教会の一つで、現在のアルメニア共和国を中心に広がり、世界各地のアルメニア人コミュニティで信仰されているキリスト教の一派で、その教会建築は、中世の早い時期から発達し、独特の高いドームを戴き、象徴的な形態をもつ。

は女性、家族の生活の場として使われるのである。

　大都市カイロには、ラヴァと呼ばれる集合住宅も中世以来おおいに発達した。ふつう中庭をもつ隊商宿(ワカーラ)の上階にとられるもの、宗教的複合体の一部をなすもの、あるいは店舗、工房の上にのるもの、集合住宅として単一機能のものなど、さまざまであった。

　ダマスクスにもどろう。この街は宗教的に寛容な性格をもち、とくに旧市街の東の地区では、モスク、カトリック教会、そしてアルメニア教会▲がそれぞれ近い位置にある。キリスト教徒の住民も多いが、彼らの住宅も形態的には、ムスリム(イスラーム教徒)の家族のものとまったく変わらない。ただし、使い方が違い、上流階級でも夫人が積極的に男性の客をもてなしてくれる。また、旧市街に住むムスリムの場合、両親と何人かの息子家族が一緒に住み大家族をかたちづくる傾向がまだ強いが、キリスト教徒にとっては、同じ家を分割して集合住宅のように住むこともふつうになっているようにみえる。

チュニス――二重のメディナをもつ都市

つぎに北アフリカ、マグリブのチュニジアに目を移そう。その首都チュニスは、フランスの保護領として西欧風の近代都市計画でできた新市街と、伝統を守る旧市街のあいだの明確な対比をみせている。旧市街は大きく、七世紀末にアラブ軍の支配下にはいり建設された内メディナと、十一～十二世紀の拡張で生まれた外メディナからなる。シリア都市と同様、中心の大モスクを取り巻いて、巨大なスークが広がり、活気に満ちている。その周辺に、やはり中庭型の住宅が高密に集まって、人びとの住む市街を形成しているのである。

チュニスにかんしては幸い、B・S・ハキーム▲の優れた研究を参照することができる。それによれば、チュニスのようなアラブ・イスラーム都市の建設過程は二つの次元からなるという。一つは、支配者あるいは統治者によるマクロな環境の形成で、中心部に大モスクやスーク(市場)を配したり、そこへいたる各城門からの主要な街路をつくるといった、都市の大きな枠組みにかんすることである。もう一つは、市民たちによる日常生活の場としてのミクロな環境の形成で、市街地における個々の建設活動のすべてがそれにあたる。市街地での

▼**ベシーム・S・ハキーム**　Besim S.Hakim　アメリカ建築家協会(AIA)所属の建築家。ハーバード大学で建築・アーバンデザインを学び修士号を修得。アメリカ合衆国、カナダ、中東諸国で都市計画の顧問として活動し、実際の都市づくりにもたずさわる一方、多くの著書・論文を発表。B・S・ハキーム、佐藤次高監訳『イスラーム都市――アラブのまちづくりの原理』(第三書館、一九九〇年)は、アラブ人建築家がアラブ・イスラーム世界の歴史的都市をはじめて本格的に研究した仕事として高い評価をえた。

チュニスの布のスーク

上流階級の邸宅　柱廊がめぐる四面対称形の中庭の中央に噴水がある。ヨーロッパ・ルネサンスの影響を思わせる。

▼ワクフ　イスラームにおける寄進制度。イスラーム世界では都市の主要な施設がこの制度によって建設された。ワクフ財源となる市場、ハーン、公共浴場などの商業・営利施設と、それによって運営されるモスク、マドラサ、病院などの宗教・教育・慈善施設とがワクフ関連施設として建設された。

建設活動にかんしては、重要度に応じた道幅の決め方、道路の上に部屋をつくりトンネル状に変更するための合意の取り方なども決まっているという。

それと関連して、イスラーム社会の都市建設で重要な要素としてワクフ(寄進制度)▲の存在を忘れることはできない。これを活用することによって、モスク、マドラサなどの宗教施設と同時に、利益を生むスーク、ハーン、ハンマームなどの公共施設、公共空間がつぎつぎに建設され、その総和が都市全体の基本骨格となっていった。

ハキームはまた、複雑にみえるチュニスの道路のヒエラルキーに注目し、メーンストリートから袋小路まで四段階に分類したうえで、袋小路からアプローチする住宅の比率が高いという興味深い事実を指摘している。私的な住宅をできるだけ都心の公的な空間から離そうとする発想は、立派な公共性の高い街路に邸宅をつくろうとするヨーロッパの都市のあり方とは大きく異なる。

チュニスの中庭型住宅も独特の形態をもつ。扉をあけるとドリーバと呼ばれる玄関通路、つぎにスキーファという玄関ホールのような空間にでる。この折れ曲がった長いアプローチは、プライバシーを重んずるチュニジアの人びとに

▼クブー　チュニジアの住宅に固有のもので、中庭に面し左右対称のかたちをとる部屋の軸線上の奥におかれる、接客機能をもつ重要な空間。作り付けの椅子をU字型にめぐらし、正面奥に先祖の写真などを飾る。

象徴的な接客空間としてのクブー

とって、中庭のまわりの家族の生活空間を遠ざける役割をもつ。スキーファは壁に作り付けのベンチをもち、簡単な接客にも使える。女性が親しい人びとと集まり、編み物をし、雑談を交わす場ともなる。ゆとりのない庶民住宅では、公的な外部と私的な内部のあいだをつなぐこれらの空間を省略する傾向にある。

中庭にはいると、舗装されていて、そこに緑はない。ふつうは中央の噴水もなく、壁際に貯水槽が設けられている。中庭に面してブルタルと呼ばれる柱廊がつくのが特徴で、格が高い住宅では二面に、より高貴な邸宅では三面、四面にそれがめぐることも少なくない。部屋内部は多目的に使える横長のかたちをとり、両端にベッドをおいている。主室などの重要な部屋は中心軸の奥に、親戚や重要な客をもてなす象徴的な接客空間としてのクブー▲を設け、T字型プランを構成している。そこにチュニジアの住宅の特徴がある。

中庭には地上の楽園のイメージはないかわり、まわりの部屋と一体となって、屋外広間の性格をもつ。洗濯物を干し、また食事の場にもなる。ブルタルにカーペットを敷いて女性たちが寛ぐことも多いし、庶民の家では中庭にテレビをおく光景もみられる。中庭を生活にフルに生かすこうした傾向は、カイラワー

中庭の柱廊にカーペットを敷いて寛ぐ女性たち

中庭でテレビを楽しむ庶民住宅（スファックス）

ン、スース、スファックスなど、チュニジアの他の都市とも共通している。チュニジアでは、中庭がより私的な空間の性格をもつ分、玄関ホールとしてのスキーファでの接客が重要だったのである。

チュニスも古代に遡ると思われるが、その点は明確ではない。一方、その大モスクの存在で有名なカイラワーンは、イスラーム勢力の拡大にともない、ミスルと呼ばれる軍隊の駐屯基地として、早くも六七〇年に建設された純粋イスラーム時代の都市である。さまざまな王朝の首都として栄えた歴史を誇る。

やや特殊なのは、大モスクがスークのある旧市街中心部になく、町外れに位置している点である。それにかんしては、初期のメディナは現在の数倍の規模をもっていたが、首都がチュニスに移ったのち、都市が縮小した結果、大モスクが街の縁にあるようにみえるのだという説もある。

他の都市に比べ、道幅が広く、開放的な印象を受ける。直交する道が少なく、不規則に枝分かれする樹木状の道がめぐるのも特徴である。袋小路の多さも注目される。他都市と比べ、カイラワーンでは、道に囲われた街区がとくに大きいため、その内部に位置する住宅にアプローチするのに、数多くのしかも長い

●—メディナ中心部の連続平面図

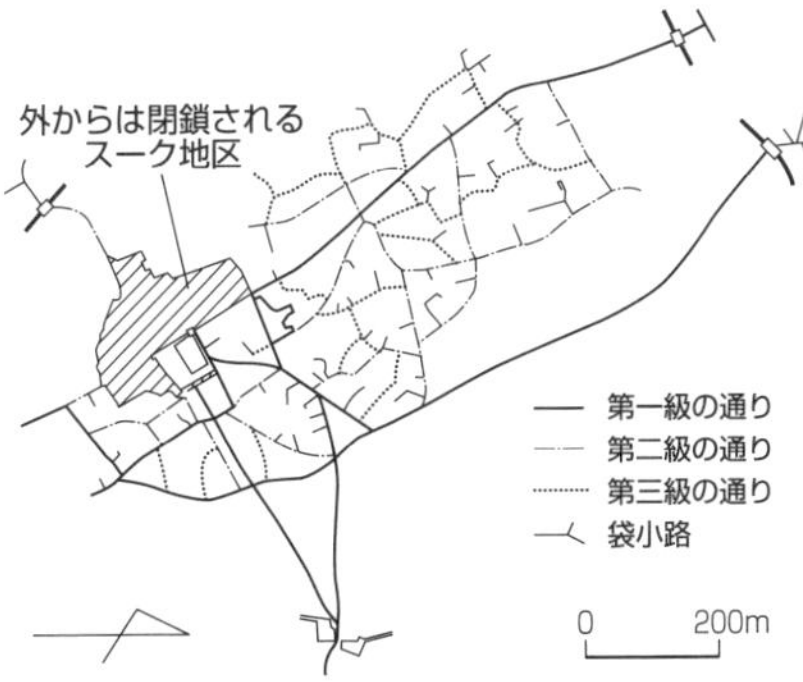

●—チュニスのメディナにおける道路のヒエラルキー(H. S. Hakimによる)

●—上流階級の邸宅の立地と平面図　袋小路の奥に立地し、四面に柱廊をめぐらせる。

見世物であふれるジャマ・エル・フナ広場

袋小路が必要だった。しかも、その袋小路がゆったり広めにできていて、子どもたちの遊び場や女性たちの立ち話の場としても有効に使われている。

マラケシュ——ベルベル文化を基層にもつ都市

アラブ世界では最後に、モロッコを訪ねてみよう。先住民ベルベルの文化との融合がみられる地域である。渓谷沿いの斜面に発達した三次元の迷宮空間、フェスと並んで重要なのが、マラケシュである。険しいアトラス山脈の北の山麓に広がる平野にできたオアシス都市で、土に含まれる鉄分のため、建物の壁の赤茶色が強烈な印象を与える。

ベルベル人の王朝のもとで一〇六二年に建設されたのがその起源である。かつて処刑場だったというジャマ・エル・フナ広場は、世界でももっともエキサイティングな見世物広場として有名だ。昼も晩も、客も参加するボクシング、アクロバット、蛇遣いや猿遣いなど、さまざまな見世物がくりひろげられ、そのまわりに大きな人垣ができる。都市には魔性をもつ祝祭空間も必要だということがよくわかる。

ムワーシーンの泉

公衆トイレ

その広場の背後に、賑やかなスーク（市場）が展開する。やはり商品によるゾーニングが明快にあり、往来の多い路上には、石の立派なヴォールトやドームが架かるシリアやチュニジアとは違って、葦簾《よしず》などで簡単な日除けの被いがかけられている。ここでは、スークとそのすぐ西の背後にひそむ住宅地の関係に注目してみたい。

じつは、スークの道からは、裏手の住宅地への入り口はまったくとられていない。スークには各地から旅人や商人が集まる。その他所者が勝手に住民の生活の場に踏み込んだのでは困る。背後の住宅地は静かで安全でなければならない。そこへの入り口はスークからもっとも遠い位置にとられているのである。イスラームの迷宮都市のなかに秘められた一つの計画性なのだ。

もう一つの工夫は、スークと住宅地のあいだに、コミュニティにとって必要なさまざまなサービス施設が設けられていることである。スークからゲートを二つぬけると小広場があり、そこに立派なムワーシーンの泉がある。西隣の同名のモスクとともに、十六世紀後半に名門ムワーシーン家の寄進によってつくられた。遅くともそのころまでには、この地区の基本構造ができていたことが

迷路状住宅地への入り口

光と影の交差する迷路

中庭型住宅の入り口

想像される。イスラーム世界の都市に泉は欠かせない。どの地域でも、水の供給設備が早くから普及し、都市には泉が随所にあって、スークで働く人たち、住民、通行人にとって重要な役割をはたしてきた。

この泉の手前で狭い道にはいると、奥にハンマームがある。人びとの生活にとって欠かせなかったハンマームも、多くの国では近代化のため、衰退の傾向にあるが、モロッコではいまだ活発に使われ、子どもを連れて風呂にかよう女性たちの姿もよく見かける。

泉の先の狭い道を少しはいると、モスクに併設された公衆トイレがある。やはり中庭を囲む構成となっているのが興味深い。ちなみに扉のない個室にはいり、手前(中庭側)を向いて座って用をたす。古代ローマの都市で広場や公衆浴場にトイレが普及していたのと似て、イスラーム世界の都市では、モスクを探せばトイレが簡単に見つかる。モロッコは他の国々に比べても厳格で、モスクにはイスラーム教徒以外ははいれないので、このモスクの構成は、地図上から中庭の存在が確認できるだけで、詳しくはわからない。

いよいよ、モスクのすぐ南にあるアーチ状の門から住宅地の内部にはいる。

●——マラケシュ航空写真

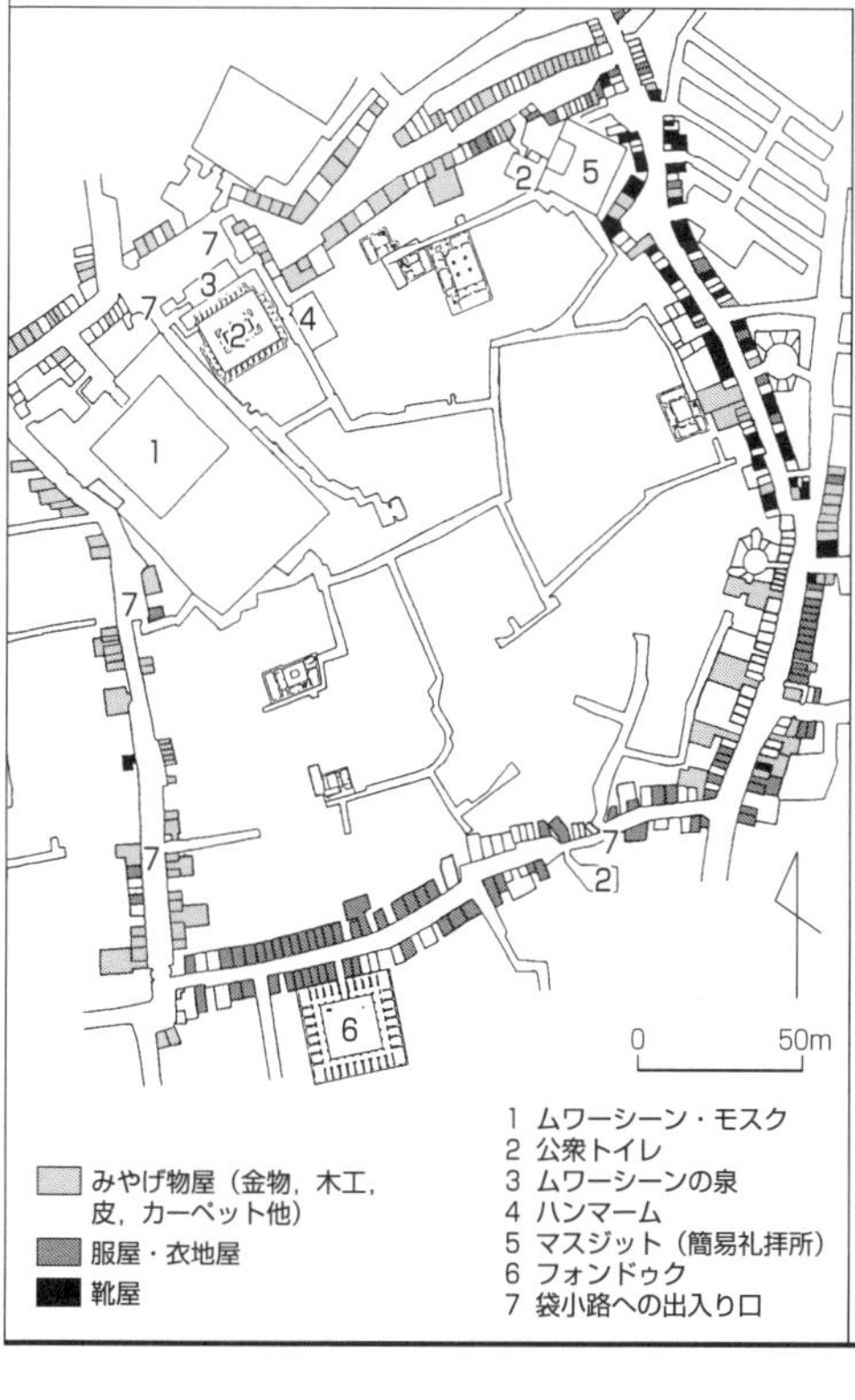

●——迷路状の街区構成

袋小路で遊ぶ子どもたち

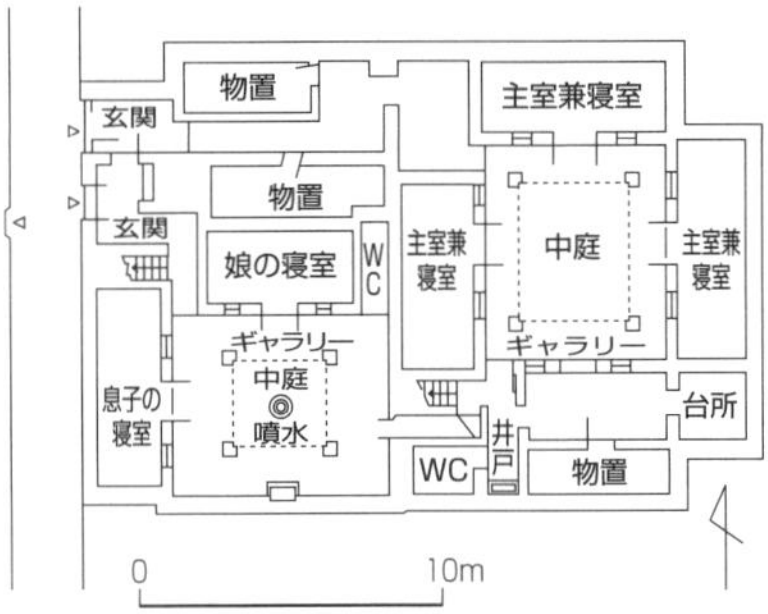

メクネスの二つの中庭をもつ邸宅

かつては、ここにも扉がついていて、夜は閉めていた。道は何度も折れ曲がりながら、奥へ奥へと進む。しかも路上のあちこちに部屋がかぶり、トンネルになっているため、光と影が交錯し、不思議な迷宮空間となっている。両側にはただ、赤い壁が続くだけの無愛想な道の表情が続く。しかし、扉をあけて中にはいると、世界が変わり、タイルで装飾され柱廊をもつ美しい中庭が待ち受ける。そこに緑を取り込んでいる住宅もある。二〇〇メートルほど、延々と進み、ようやく行き止まるような袋小路がいくつもある。これほど複雑な都市空間は、アラブ世界でも他の地域では出会えないが、じつはモロッコ南部のカスバ街道周辺に点在する小さな集落のなかに、似たような空間がみられる。長いトンネルが続く迷宮状のこうした構成の基層には、ベルベルの文化があるのだろうか。

　モロッコでもマラケシュより少し北の代表的な都市、フェス、メクネスでも、住宅の興味深いあり方がみられる。美しく飾られた中庭は、シリアやチュニジア以上に人工空間化している。西アジアのアラブ諸国に比べれば、比較的温暖で雨も降り、地中海性気候に近いともいえる。中庭の面積に対して、周囲の壁の立上りが高く、ポンペイの遺跡にある邸宅の中庭(アトリウム)のような感じ

メクネスの邸宅　中庭での接客。

を与える。床も腰壁もタイルで美しく飾られた中庭は、まわりに対称形に配された部屋と一体となり、大家族の共有の生活空間として、また大勢をまねいて宴会をおこなう接客空間としても活発に使われる。富裕な家族の邸宅ほど緑もなく、半分室内のサロンの雰囲気である。泉を邪魔にならぬよう、壁に設置していることも多い。シリアにしてもチュニジアにしても部屋の扉は室内側に開くのにたいし、モロッコではそれが中庭に向けて開き、部屋と中庭がより密接に結ばれている。中庭の上に簡単な屋根をのせ、完全に室内化している住宅も少なくない。こうなると中庭が内部の広間となり、そこに家具がおかれ、生活の場そのものになる。都市に住む優れたセンスを発達させたアラブ世界の旧市街では、このように中庭が今なお人びとの暮しのなかで有効に使われている。

ギョイヌック——緑に包まれたキャラバン都市

地中海世界のイスラーム圏として、トルコの存在を忘れることはできない。もともと中央アジアの遊牧民を起源とするトルコの人たちは、都市や住居のつくり方においても、アラブ人とは異なる感性を示してきた。

ギョイヌック　緑あふれる斜面都市。

男たちの社交場としての床屋

とくにその特徴が強くあらわれるのが、アナトリアの北部で、地中海の周辺ではめずらしく、木造文化が発達している。ブルサやサフランボルがよく知られるが、ここでは、黒海沿岸地域西部の内陸部にある小都市、ギョイヌックをみよう。山に囲まれる谷間の斜面に発達した美しいキャラバン都市である。この街も、古代に起源をもたない他の多くのトルコ都市と同様、城壁をもたない。斜面の緑のなかに木造建築がリズミカルに並ぶ美しい風景をつくりだした。

この街の起源と結びつくビザンツ時代に城塞があった中央の丘に、ランドマークとしての塔が聳える。一方、川沿いの低地に、ミナレット（モスクの塔）の聳える大モスクと墓廟、立派な公衆浴場（トルコ語ではハマーム）などがあり、そこからゆるやかに斜面を登るキャラバンルートにそって、いかにもイスラームの都市らしいチャルシュ（商店街）が伸びている。男どもの集まるチャイハネ（茶屋）や床屋がいくつもあり、社交場となっている。

住宅地は、幾筋もの街路に面して、広く分布しているが、いずれも斜面をたくみに利用してつくられている。まわりに庭、菜園などをとり、一戸建ての形式でゆとりをもちながら住宅が並ぶが、主要街道沿いなどでは、隣と壁が接し

●―チャルシュの空間構成

1 ヌリ・エミル邸（3階平面図）
2 バルルック（ネビレル）邸（3階平面図）
3 ムデリリソール邸
4 コルクマズ袋小路

キャラバンルート上の
連続立面図

キャラバンルート下の連続立面図

●―キャラバンルート沿いの住宅群

●―谷側に向けて美しい外観をみせる

中央の広間（ソファ）

変化に富んだ外観をみせる町並み

て連続的な町並みを構成する。街の周辺部には農民も多く住んできた。

木造とはいえ、じつは一階は石造であり、上階をがっちり支えている。一階は入り口、倉庫、そして家畜小屋にあてられ、家族の生活空間は上にとられる。室内にはいるには、アラブ世界と同様、靴を脱ぐ。

斜面に建ち並ぶから、どの家においても、上の部屋から眺望を楽しむことができる。同じイスラームの文化圏でも、外部に閉じ中庭側にのみ開くアラブの住宅とは、発想が異なる。同時にまた、外から見ると、素晴らしい景観が生まれているのである。外観を飾る意識は小都市、ギョイヌックでも強い。

内部の構成をみると、中央にソファと呼ぶ広間をとり、両側に居室を並べる。インテリアを美しく飾り、居心地のよい生活空間をつくっているのは、イスラーム世界に共通する。家にいることの多い女性たちが快適に過ごすことを考えてのことである。木造の特徴を生かし、二階を外へ張り出す家が多い。内部の空間を少しでも広げられるばかりか、景観上も変化を生む。ギョイヌックの住宅は、出窓を活用し、外観に左右対称のおもしろい効果を生んで、道行く人たちの目を楽しませてくれている。

▼アンダルシア　この地名は、アラビア語のアル・アンダルスからきており、イベリア半島でイスラーム教徒の支配下におかれた地域を指す。

アルハンブラの遠望

②—アンダルシア

グラナダ——イスラームが残した遺産

地中海周辺のヨーロッパ地域を旅すると、イスラーム文化が混淆《こんこう》した興味深い建築や都市空間に出会える。とくに、スペインのアンダルシア▲地方には、シチリアのパレルモ、中世イタリアの海洋都市アマルフィ、ヴェネツィアなどと並び、イスラーム文化と混淆したエキゾチックな香りをただよわせる魅力的な街がいくつも存在する。

中世のある段階まで、ビザンツやアラブの東方地域のほうが、西欧よりずっと高い文化を誇った。とくに、古代ギリシア、ローマを受け継いだアラブ世界は、高度な科学・技術、思想や文化を誇っていた。十二世紀に、こうした文献の多くがアラビア語からラテン語に翻訳され、知的刺激が西欧にもたらされた。シチリアと並んでその中心となったのが、イベリア半島の都市であり、イスラーム圏と西欧圏の文化が交流する大きな窓口になった。

七世紀前半にアラビア半島で誕生したイスラームは、マグリブと呼ばれる北

アラヤネスのパティオ

▼レコンキスタ　キリスト教徒がイベリア半島からイスラーム勢力を駆逐するためにおこなった再征服の運動で、一四九二年のグラナダ陥落で終わった。

アフリカのアラブ世界にも急速に広がり、八世紀初頭には早くもアンダルシアにまでおよんだ。以来、レコンキスタ▲の完成する十五世紀までの約八〇〇年近くものあいだ、アンダルシアは長らくアラブ支配のもとで文化を繁栄させた。アラブ世界からもたらされたイスラーム文化の素晴らしさは、アンダルシアを代表するコルドバ、セビーリャ、グラナダばかりか、小さな田舎町にもおおいに感じられる。

世界広しといえども、中世イスラームの華麗なる宮殿建築を見ようと思えば、グラナダへ足を運ぶしかない。一二三六年にコルドバがキリスト教徒に征服されてからは、グラナダは、スペイン最後のイスラーム王朝であるナスル朝(一二三〇～一四九二年)の都として繁栄を続けた。この古都をたずねると、アルハンブラ宮殿ばかりか、町のいたるところに今もアラブ・イスラーム文化の足跡をたどることができる。

まず、町の中心、アルハンブラ(十三～十五世紀)を見よう。その内部につくられた宮殿は美しい中庭をもつ、華麗な宮廷文化が開花した王宮として知られるが、じつは小高い丘の上にある城砦としての性格を基本的にもつ。ヨーロッ

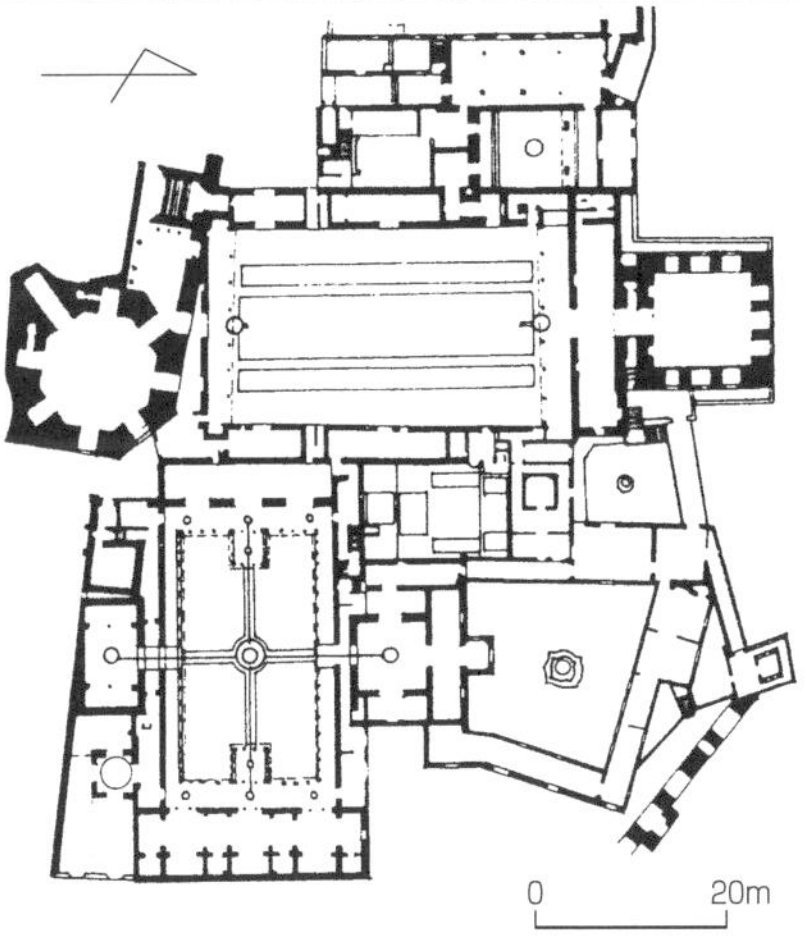

●――アルハンブラ宮殿平面図

●――オリエンタリズムを背景に描かれたアルハンブラ宮殿（一八七二年）

●――カーサ・デル・カルボンの入り口　十九世紀の版画。

獅子のパティオ

ヘネラリーフェ離宮の庭園

パの中世にも、城はたくさん築かれたが、アラブ・イスラーム世界のほうが、古くから高度な築城技術をもっていた。その技術を駆使し、戦略上重要な丘の突端につくられたもっとも古い部分が、アルカサバと呼ばれる。アルハンブラは、まずこの堅固な城砦から建設を開始し、やがて地上の楽園のような姿をもつ有名な宮殿中心部へと展開していったのだ。

中庭(パティオ)を中心とする閉じた心地よい小宇宙が迷宮的に結ばれ、意外性をもってつぎからつぎに出現する。柱廊が長方形のプールに美しい姿を映す「アラヤネスのパティオ」、そして宮殿のもっとも内奥に秘められた「獅子のパティオ」はわれわれの心を魅了する。室内にまで細い水路を引き、可愛い噴水を立ち上げる繊細な環境演出は、やはりイスラーム文化の影響下でつくられたパレルモの十二世紀の離宮を除けば、ヨーロッパではなかなかみられない。

そもそも水を遠くから引き、豊かな空間を造形する技術やセンスは、西アジアから地中海世界に古来伝わるもので、それを中世のアラブ・イスラーム文化が発展させ、素晴らしい庭園を実現してきた。アルハンブラも、その奥の山腹にあるヘネラリーフェ離宮(十四世紀初期)も、川の上流から水を引き、水の象徴的演出をみせる。ヘネラリーフェではまるで柳の枝のような繊細な水が幾筋もクロスして立ち上がっており、まわりの緑とともに、いかにも涼しげな感じを与える。

グラナダの街そのものにも、イスラームの要素がたくさん発見できる。アルハンブラの丘の下の低地に、イスラーム時代の賑やかな都心が受け継がれている。カテドラルは大モスクのあったところにでき、マドラサ(イスラーム学院)が今の大学となっている。アルカイセリアという商業ゾーンはかつてのスーク(市場)を受け継ぐ。その奥には、カーサ・デル・カルボン(石炭の家)と呼ばれる十四世紀初めに遡る建物があるが、もともとはムーア人▲の商人のための隊商宿(ハーン)であった。谷状の低地を流れるダロ川にそった一画に、十一世紀のアラブ式浴場の跡が残っている。グラナダにはまさに、アラブ・イスラーム都市を成立させるキーワードがすべてそろっていることになる。

コルドバとセビーリャ

イスラーム建築の文化を色濃く受け継ぐアンダルシア都市としては、つぎに

▼**ムーア人**　マグレブ地方のイスラーム教徒の名称。アラブ化したベルベル人を指すことが多い。

コルドバとセビーリャをあげねばならない。コルドバのメスキータ（大モスク、八〜十一世紀）は、レコンキスタ以後もキリスト教の教会堂として使われつづけたため、その姿を今によく伝える。上下にかさなる馬蹄形アーチを支える柱が林立する内部空間は、アラブの列柱ホール式のモスクの形式をとる。最奥のキブラ壁の手前の空間には、リブを立体幾何学的に駆使したイスラーム建築ならではのみごとなドームが架かる。一方、セビーリャの大モスクは、キリスト教のカテドラル（大聖堂）に建て替えられたが、その鐘楼はミナレットを継承・改造したものであり、中庭にもモスク時代の形態が受け継がれている。十四世紀にキリスト教徒のペドロ王によって建設されたアルカサルと呼ばれる宮殿は、アラブ・イスラームの高度な建築技術をふんだんに取り入れたムデーハル様式▲の傑作であり、中庭を囲う空間を連結させる手法やモザイクタイルの壁面装飾など、アルハンブラ宮殿につうずる独特の美しさを誇る。本物のアラブの造形に比べ、やや大味になったとはいえ、西欧の一般の文化にはない繊細な感覚にあふれている。

アンダルシアでは、どの都市にも、かつてシナゴーグ▲だった建物が見つかる。

アラブ風の浴場

▼ムデーハル様式　レコンキスタののち、高度な造形美を誇ったイスラーム教徒の建築様式とキリスト教建築の様式が融合したスペイン独特のスタイル。

▼シナゴーグ　ユダヤ教の礼拝のための教会堂。世界各地でその土地の建築様式を取り込み、それぞれ独自の形態をみせる。

アーチが林立するメスキータ内部

立体幾何学の美を誇るドーム群

レコンキスタ後、キリスト教徒による弾圧によって大量のユダヤ人が追い出されたが、それまでのイスラーム社会はずっと寛容で、異なる宗教の人びとが共存できたのだ。

アンダルシアの都市は、街路が入り組み、袋小路も多く、アラブの都市を思わせる。石灰でぬった白い町並みは、モロッコのカサブランカやチュニジアのチュニス、カイラワーンとも共通する。そしてなんといっても、パティオを中心とする住宅のあり方が、アラブ世界の都市とあいつうずる。コルドバやセビーリャの街を歩くと、家の内部の美しいパティオが見え隠れする。本当のアラブの街では、家族のプライバシーを重んじ、女性が外部の男性の目に晒《さら》されるのを避けるため、街路を歩いていても、中庭の様子をうかがえることはない。

アンダルシアにおいてもアラブ支配下で発達した都市では、アラブの街と似たような構成がとられていたと想像される。幸い、アンダルシアのすぐ東、バレンシア地方のシエサ近郊に、アラブ支配時代の小さな街の遺跡が発掘され、その構成が明らかになっている。袋小路が多く、どの家も、内部が覗けないよう、入り口(サグアン)からクランクしてパティオにアプローチするかたちをと

セビーリャのアルカサル（十四〜十六世紀）

コルドバのパティオ

っている。

キリスト教の時代に変わり、アンダルシアの都市は、徐々にそのパティオを外に向けて開いていったものと思われる。

とはいえ、あい変わらず、中庭に面した一階に客間や居間をとり、そのまま外に椅子を出して戸外で寛ぐという、古代の地中海世界から持続する住まい方を今なおみせているのが興味深い。そして、アンダルシアのパティオの美しさの秘密は、舗装されたその中庭にたくさんの鉢植えをおき、あるいは壁から吊って、緑あふれる空間を生んでいることにある。

アルコス——丘の上のパティオの街

そのアンダルシアでも、とびきり美しいパティオを誇るのは、セビーリャから南東にバスで二時間ほどの位置にある小都市、アルコス・デ・ラ・フロンテーラだ。モロッコにより近いだけに、アラブ色はさらに強い。

丘の高台に発達したアルコスの旧市街は、青空の下、白く輝く迫力のある姿をみせる。尾根を通る街道を中心軸とし、少し低い位置にほぼ平行に走るロー

▼**ミフラーブ**　モスクのメッカの方向を示す正面奥の壁(キブラ壁)に設けられた象徴的な壁龕。半円形のくぼみを中心に、大理石やタイルなどでいちだんと美しい装飾がほどこされている。

アルコス・デ・ラ・フロンテーラ
南東から街の中心を見る。

アラブ時代の城壁とマトレラ門

カルな道を配しながら、北西～南東の方向に細長く伸びている。とくに南西側の縁では、切り立った崖の上に市街地が聳《そび》え立つ。

　レコンキスタ以前、九～十三世紀の長い期間、アラブの支配下におかれていたアルコスだけに、その時代のイスラーム的な要素がいろいろなかたちで今の街に受け継がれている。まず、街の南東部に、丘の上に立地する街をぐるりと囲んだアラブの城壁の一部と城門の一つ、マトレラ門(十一世紀)が残っている。この城門の上部に、美しいマリア像が祀られているのが印象的だ。

　尾根の主要道にそい、街の中心の高台に聳えるサンタ・マリア教会は、かつての大モスクの位置に建てられ、その内陣奥には、ミフラーブ▲の痕跡が残されているという。支配者の城も、イスラーム時代の要塞を受け継いでいる。

　そして、なによりも複雑に入り組んだ街路網と、美しいパティオを囲む住宅の構成には、中世のアラブ都市を下敷きに発展してきたアンダルシアの都市の特徴がみごとにあらわれている。アルコスの中庭は、セビーリャ以上に、外から覗かれないように、入り口の空間(サグアン)を折れ曲げたり、斜めにいれたり、さらには階段で昇ってアプローチする工夫をみせている。内側に秘められ

パティオへまっすぐはいれないサグアンの構成

柱廊のめぐるパティオ　緑があふれる。

アルコスに現存する最古の住宅（十三世紀）

た外の世界から侵されない緑あふれるパティオの居心地のよい生活空間は、われわれを魅了する。

　アルコスで確認できる最古の住宅は、十三世紀のゴシック様式の外観を残すもので、現在みる入り口から高い位置にとられた中庭に、階段で登ってアプローチする形式も古いものと思われる。十六〜十九世紀なかごろまでにつくられた、やはり中庭型の貴族の邸宅がいくつも存在し、その堂々たる入り口の上に、しばしば家族の紋章がついている。アルコスのように立派な都市にみえるところも、かつては農業を基礎にする、いわゆるアグロタウンであり、貴族は田園に農場（コルティホ）をもち、城壁内に住む多くの小作農民をかかえて農業を営んだ。現在は、車が使えるので、住民の多くは大都市へ建設労働者として通勤する。

　館の元の所有者のほとんどは、近代に大都市に転出し、今では、中流や庶民階級の家族が住む場合も多い。貴族の邸宅は中心ゾーンに多いものの、特定の場所に集中せず分散して存在するところに特徴がある。イタリアの都市では貴族の邸宅は一般に主要道路に華やかなファサードを向けて建つが、アルコスで

中庭型住宅　生活空間となっているパティオ。

十八世紀の邸宅

は、それはむしろ少なく、その場合でも人通りの多い表を避け、意図的に脇道に玄関をとる傾向もある。

アルコスの中庭型住宅は、斜面都市の特徴をたくみに生かしている。街路に面した一階からサグアンを通って生活空間の中心の中庭にはいるのにたいし、坂をおりた一層下のレベルには、しばしば馬小屋をとっていた。その上に中庭に面してとられる寝室は、外に向けて窓をあけても、レベル差がたっぷりあるので、下の街路を行く人びとから覗かれる心配がまったくない。こうして中庭型住宅でありながら、谷側に眺望が開く快適な部屋を実現することが可能であった。伝統的には瓦葺きの勾配屋根が用いられたが、近代には屋上の利用が活発になったから、斜面都市のメリットがさらに生かされ、どの家も眺望をおおいに享受している。

アルコスの住宅には、サグアンを中心に、腰壁をタイルで美しく飾っているものも多い。パティオ、部屋の内部まで同じタイル装飾が続いている場合も少なくない。だが、アルコス本来の伝統ではなく、東のロンダで使用されたタイルが流入したもので、比較的新しい時代に、コルドバやグラナダの住宅を模し、

十八世紀の邸宅　アラブ式のアーチがめぐる柱廊。

十八世紀の邸宅　客間の内部。

家を美しく飾る手法として、この街にも普及したのだという。

主要道路沿いのサン・ペドロ教会から少し内側にさがったあたりに、古い雰囲気を残す一画がある。多くの家が、プライバシーを重んずるアラブ社会と同様、鍵型に折れ曲がって中庭にいたるアプローチをみせる。十八世紀のものとされる立派な貴族の邸宅は、やはり家族の生活の場を外から見せないように、サグアンを通り、三面にめぐる柱廊の左隅から中庭にはいる工夫をみせる。リズミカルにめぐるアーチは、足の長いアラブの影響を示す形態をとる。中庭の周辺に、奥行が浅く間口の大きい部屋を配する構成は、モロッコの住宅とも似ている。

アルコスでは、パティオそれ自体が雨水を集め蓄える貯水槽の装置となっている。中庭には、地下深く貯水槽が掘られているのである。滑車を使いバケツで水を汲み上げる井戸は、中庭の壁の一画に設けられている。近代に水道が引かれてから、もちろん飲料水としては使わなくなったが、パティオいっぱいに並んだ植木への水遣のために、今も活発に機能している。かつては地中海世界の広い地域で貯水槽が使用されていたが、アンダルシアほど現在もそれが生か

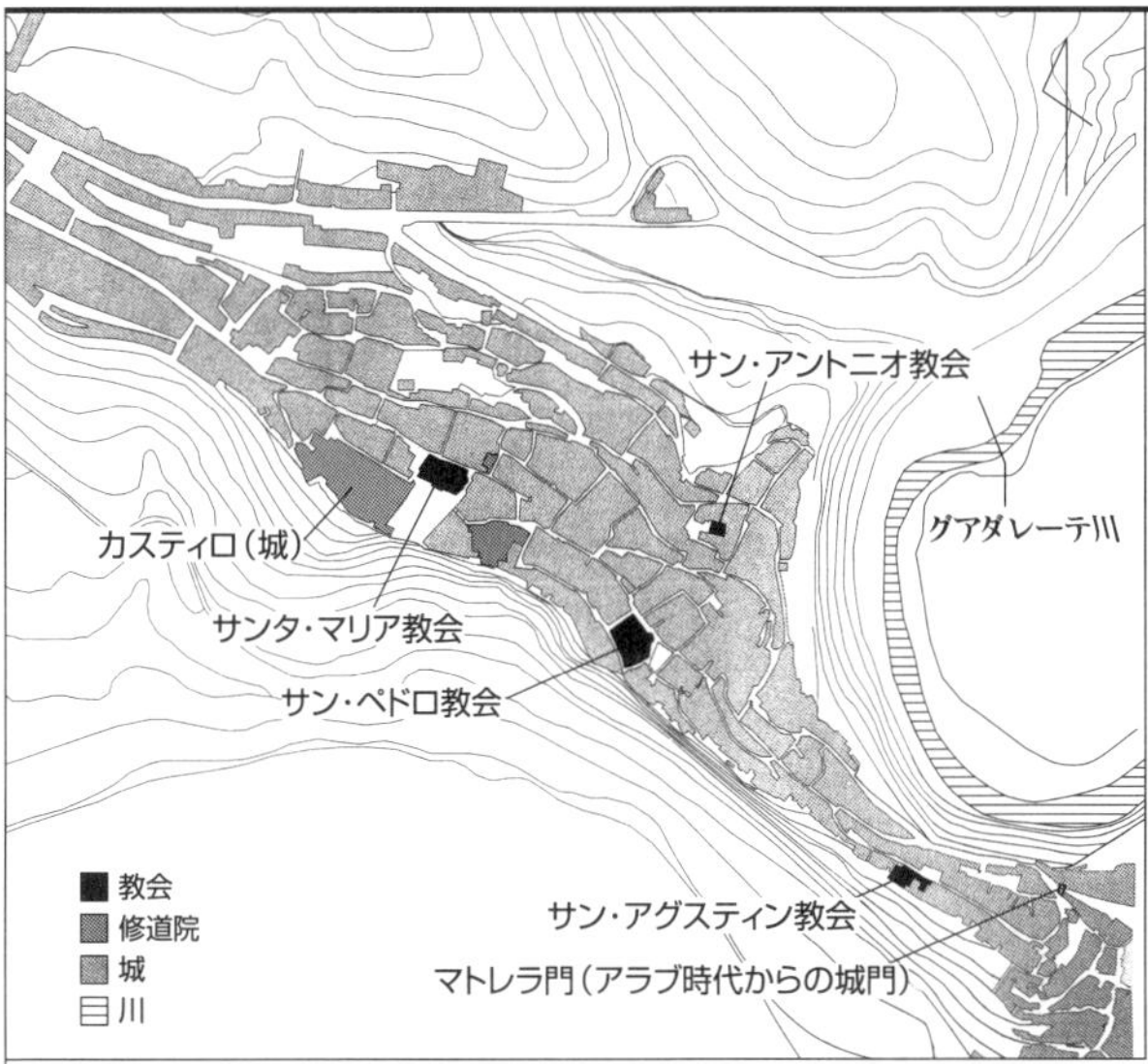

●―アルコス・デ・ラ・フロンテーラの都市骨格

●―斜面を生かした中庭型住宅

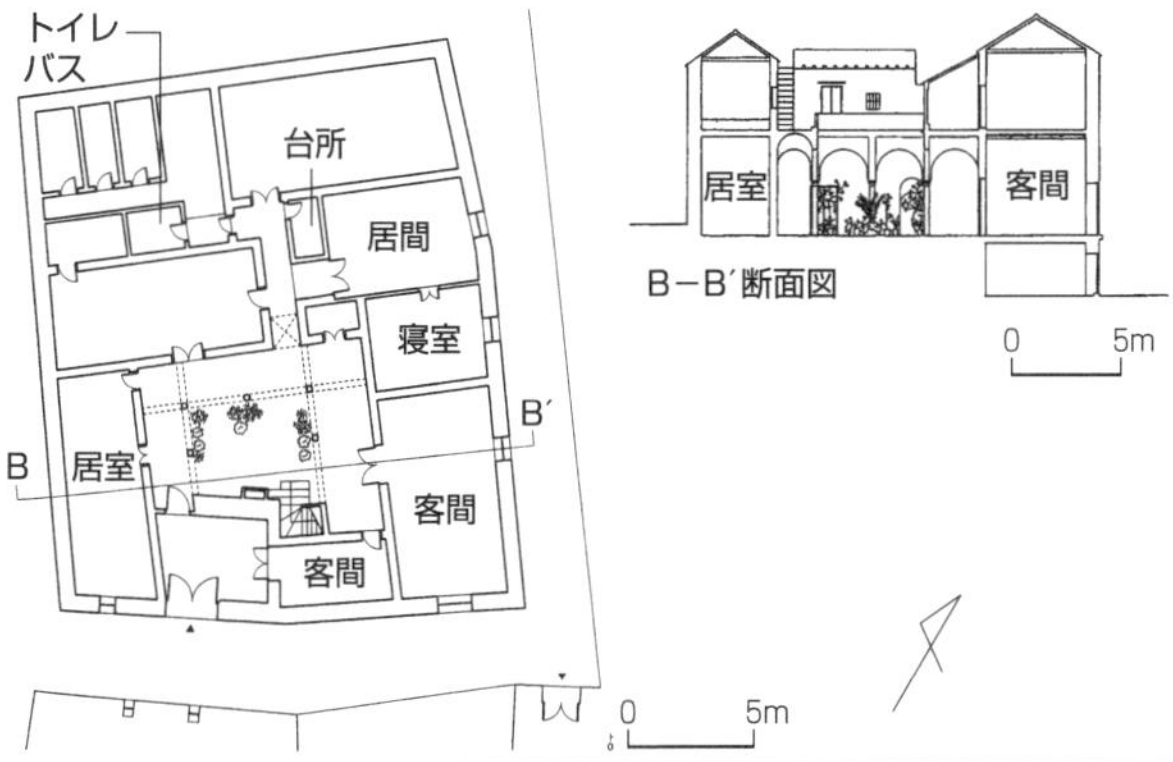

●―十八世紀の邸宅
一階平面図と断面図。

パティオに設けられる貯水槽　つるべで汲み上げる。

角に柱をおかないパティオの構成

されている所もめずらしい。

　貯水装置としても重要性をもつパティオは、アルコスではあらゆる階層の住宅にもみられる。そのなかに、この街独特のおもしろいアーチの構成手法が見出せる。柱廊はふつうの構成では、パティオの角に柱をおく。ところが、この街にはその角の柱を省略し、中庭を広々と使っているものがあるのだ。そのためには、アーチが空中でまじわることになる。コルドバのメスキータの奥にある、立体幾何学にもとづいて造形されたドームにもつうじる高度な技術である。

　アンダルシアでは、レコンキスタ後、キリスト教社会となり、もとは、血のつながった大家族で住むのがふつうだったアラブ式のやり方がくずれ、さまざまな家族が同じパティオを囲んで一緒に住む集合住宅のような形式もふえていったと考えられる。しかし、アルコスでは、結婚後も子どもたちの家族が複数、親と一緒に住む伝統的な住み方が今なお多くみられる。複数の家族に分割された場合、パティオ、階段、屋上などの空間をそれぞれの家族が利用する権利について、細かく規定されている。

カサレスの遠景

アラブ時代に建設されたアラバル門

カサレス——アラブ要塞の下のピクチャレスクな白い街

アルコスでみたような魅力的なパティオを内にもつ町並みは、アンダルシアの典型的な都市のイメージだが、それとはまったく異なる風景をみせる都市もたくさんある。中庭型とは対極をなす、一室を垂直方向に積み上げたかたちの住宅で構成されるもので、斜面にぎっしり連なる家々の瓦屋根と白壁が織りなすその美しさは、アンダルシアのもう一つの大きな魅力である。小さな都市ではじつは、このようなパティオをもたない街のほうが圧倒的に多い。

有名なリゾート地、コスタ・デル・ソルから少し山間部にはいった所に位置するカサレスは、そのなかでも群をぬいて美しい。この街の遠景は印象的である。小山の頂部に、アラブ時代の城塞が聳え、そのふもとを真っ白な家々が取り囲む。急斜面の地形に応じながら広がる市街地のダイナミックな姿は目を奪う。

カサレスの歴史は古く、フェニキア、ローマに遡る。八世紀にすでにこの地はアラブ人の支配下にはいり、海岸部、内陸部双方からの攻撃に備える戦略上の重要な場所として、小山の頂部に城塞が建設された。その後、定住化も進み、

街の中心、エスパーニャ広場

モスクのまわりに居住地ができた。範囲はさほど広くなく、二つの城門が残っている。

レコンキスタがカサレスにおよんだ時期は定かではないが、一四八五年にはキリスト教徒の手にあったという。ムスリム(イスラーム教徒)の追放後、城塞の意味が失われ、街も衰退した。カサレスが再生されるのは十六世紀後半のことで、城塞の壁のなかにあったモスクの位置に教区教会としてのエンカルナシオン教会がつくられ、近くに墓地が設けられた。だが人びとは、アラブ時代の城壁の内側には住まず、住宅地はその外側の裾に広がる斜面に形成された。高台のエンカルナシオン教会は崩れ落ち、その遺構が残るのみである。

街の新たな中心として、下の方の窪みにある、何本もの道が集まる地点に自然形成的に広場ができた。そこに十七世紀、サン・セバスチャン教会がつくられた。広場の中心には一七八五年、泉ができ、水道が近代に引かれるまで長く人びとの生活用水、飲料水として重要な役割をはたした。こうして十七世紀以後、広場(現在のエスパーニャ広場)が完全に街の中心となった。イタリアの広場とも似た機能をもつが、そのかたちは素朴で、デザインされていない。

●垂直に発展した典型的な住宅

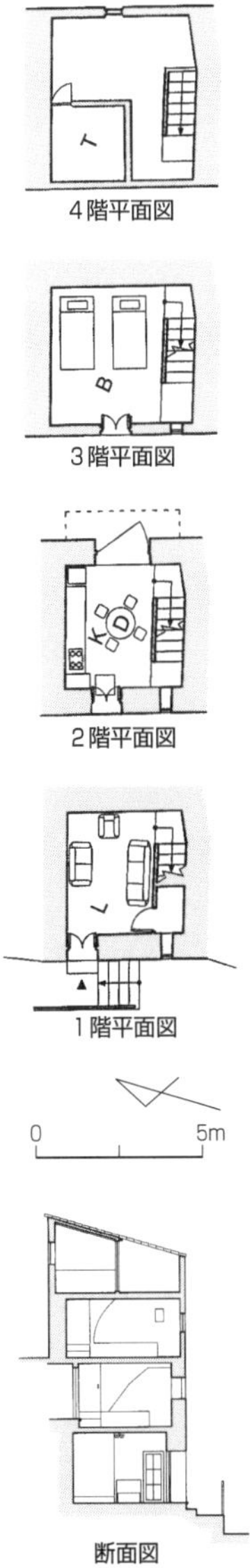

●カサレスの発展段階

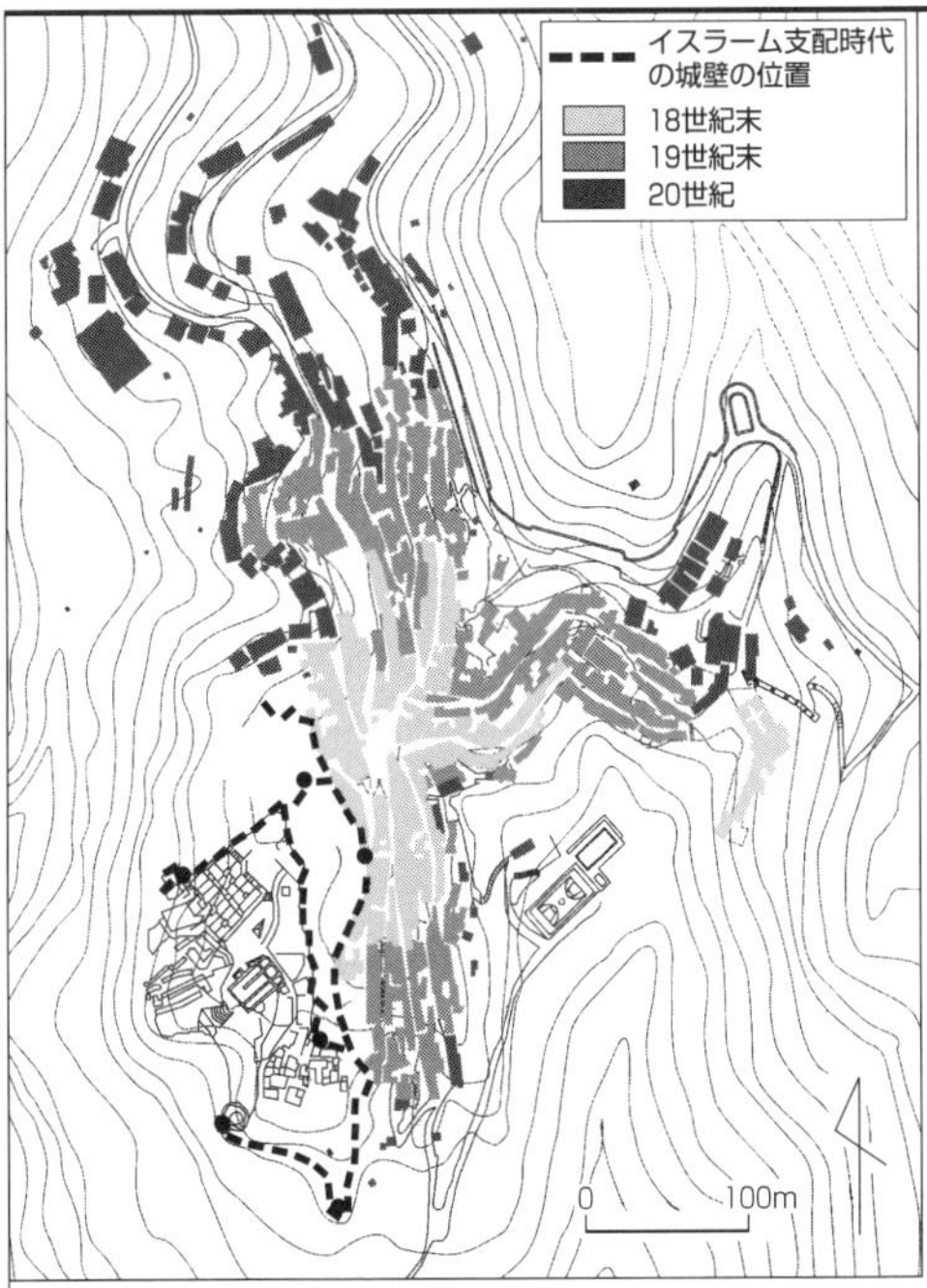

●十八世紀末〜十九世紀に斜面を活用してつくられた住宅群

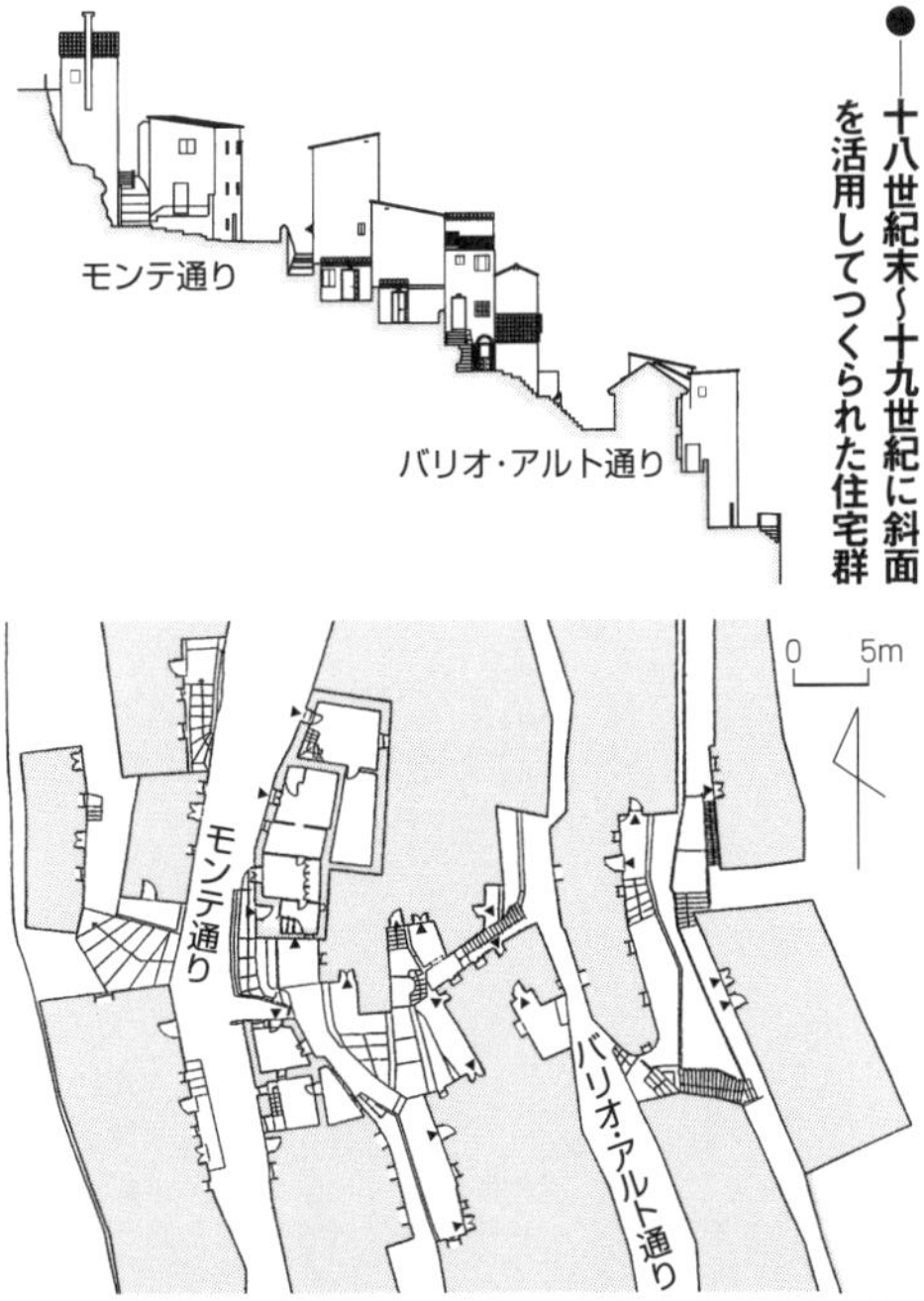

十七世紀ころのカサレスの景観

カサレスには、土地をもち小作人を雇って農業を営む地主や、比較的裕福な人びとの大規模住宅はあるものの、アルコスのような紋章のある大邸宅に住むような貴族階級というものが存在しなかったようだ。三〇〜四〇年前まで、大半が日雇い農民であった。田園の農場（コルティホ）に男たちは住み込んで農作業をし、週末に街の家に帰ったという。そうした庶民の小さい住宅がどこまでも連続するのが、カサレスの町並みの特徴なのである。

住宅は、石または煉瓦を積んで壁をつくり、木の梁を渡して床を設け、やはり木造の小屋組みを組んで片流れの勾配屋根をかける。二階、あるいは三階建ての構成をとる一家族用の建物で、一階に玄関、居間、台所・食堂をかねる多目的な部屋がとられ、接客もおこなわれる。機能を分化するために徐々に間仕切りをいれる傾向があるが、復元的にみると、大きめの一部屋からなるのが典型なのである。居室（寝室）がとられる上の階には、部屋の一画に挿入された内部階段で昇る。建築的には単純そのもので、中庭の外階段か独立した階段で昇り降りするアルコスとは、その点でも大きく異なる。急な斜面にセットバックしながらこうした積層型の住宅が建ち並ぶので、どの家からも、眺望が開ける。

十九世紀の地区から見た古い都心部
高台がアラブの城塞。

逆に、外から眺めると、起伏に富んだ斜面に、白い壁で片流れの瓦屋根をもつ小さな住宅が連なるピクチャレスクな風景が生まれるのである。

このように、アンダルシアの小都市にかんしては、住宅形式の比較をとおして、アラブ支配下でしっかりつくられた都市をレコンキスタ後も受け継ぎ、今なお中庭型住宅の伝統を維持するアルコスのタイプと、レコンキスタ後に中庭をもたない積層型の住宅で新たな住宅地を周辺に形成したカサレスのタイプの違いを、明確に読み取ることができるのである。

だが、どちらのタイプの街であっても、アンダルシアの田舎町では、暑い夏の時期、涼しくなる夕暮れ時から戸外に椅子を出し、寛ぐ習慣が共通してみられる。人懐こい人びとだけに、隣近所の仲間とのお喋りも賑やかだ。街の中心の公的な広場に男たちが集まるのにたいし、住宅地の近隣コミュニティの主役は女性と子どもである。南イタリアやギリシアなどとも共通する、地中海都市の伝統的なライフスタイルがそんなところにも見出せる。

シャッカの航空写真

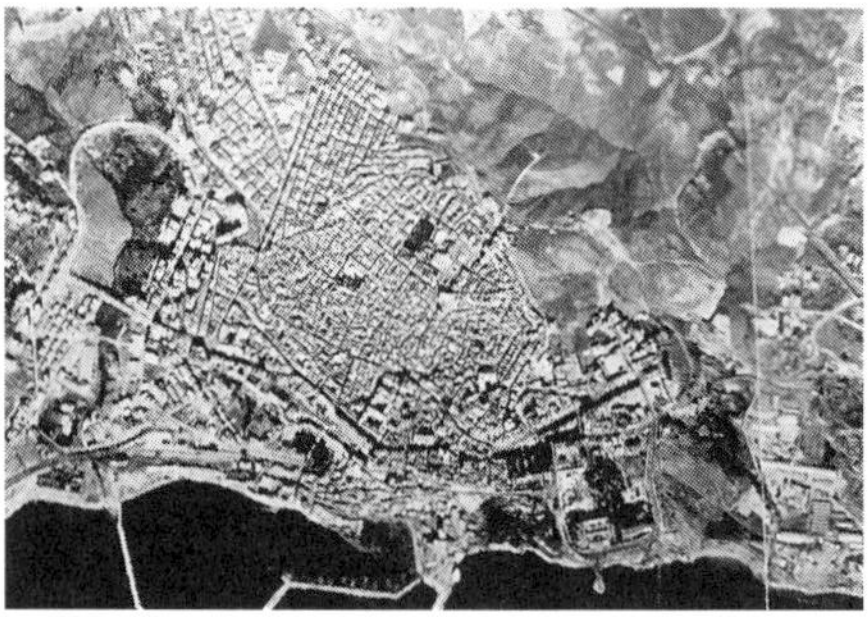

▼マヨール広場　スペインの主要な都市の中心に十五世紀の終盤以後、建設された象徴的な広場。周囲に柱廊がめぐるものが多い。

③—イタリア

シャッカ——アラブに接するシチリア都市

人の集まる公的な場所がネットワーク化しているとはいえ、イスラーム社会の都市にはヨーロッパのような広場はほとんど発達しなかった。スペインでもイスラーム色が弱まった十六世紀以後、広場がようやく形成されたが、格好よいアーバン・デザインの感覚はみられないし、逆に権力者のもとで計画的にできた幾何学形の堅いマヨール広場▲の存在ばかりが目立つ。地中海都市の一つの財産、古代ギリシア、ローマの広場の伝統を直接豊かに受け継ぐ国は、何といってもイタリアなのである。

典型的な中世の自治都市（コムーネ）▲が発達した中北部イタリアの、ある規模以上の都市では、市庁舎のある世俗権力の広場とカテドラルのある聖なる広場を離しておくことが多い。一般に、前者は古代広場の役割を受け継ぎ、裏手や近くに生鮮食料品の市場が立つ。日常的に市民が集まるサロンのような役割をはたすのも、市庁舎の広場なのである。

▼自治都市　中世の中北部イタリアには、コムーネと呼ばれる自治都市の共同体が数多く存在した。都市の有力市民、地区やギルドの代表によって運営され、都市とその周辺の農村地域(コンタード)を統治した。現在のイタリアもその自治の伝統を維持しており、都市ごとの自立性が高い。

港から見上げる斜面都市

同じイタリアでも、広場のあり方は、政治・社会的事情の違いを反映して、地域によってだいぶ違う。封建的圧制の続いた南イタリアでは市民自治は発達せず、古代広場の伝統はうすまったかわりに、カテドラル前の広場が重要な役割をはたしてきた。

いずれにしても、戸外の公的な空間に人びと(伝統的には男たち)が集まる習慣は、地中海世界の都市のどこにもみられる特徴となっている。それだけではない。ここで取り上げるイタリアのなかでも地中海的性格の強い町では、住民の暮しにより密接な地区のなかにも、小広場や袋小路、あるいは共有の中庭など、戸外の空間が発達している。人びと(とくに女性)のコミュニケーション空間として今なお重要な役割をはたしている。地中海世界では人と人の関係が重要で、それが都市のかたちにも反映されている。

まずアラブ世界にもっとも近いシチリアのシャッカからみよう。シチリアでも、もっともチュニジアに近いシャッカは、アラブ人が最初に上陸した街だった。シャッカという名前そのものが、「集合住宅」を意味するアラビア語だという。

賑やかなコルティーレ・カリーニ
マリア像がある。

シャッカでは、何段階もの歴史の重なりが、そのまま現在の市街地の構成にフィジカルに組み込まれている。まず、アラブ人の手で本格的な都市建設を開始し、以来、ノルマン人、スペイン人と支配者がいれかわりながら、都市を拡大発展させてきた。シャッカの道のあり方や住宅の構成を探れば、こうした都市形成のプロセスを読み解くことができる。城壁、城門、支配者の城（カステッロ）、教会、広場といった南イタリアの都市に欠かせない要素はもちろんだが、シャッカではとくに袋小路の存在が街の変遷を読むキーワードである。

最初の都市核である九〜十一世紀にアラブ支配下にできたラバト地区、その西に続いて形成されたユダヤ人の居住地に起源をもつカッダ地区をまずみる。南側の低い所を通る古い街道からややはいりこんだ安全な丘の斜面に、アラブのイスラーム都市とよく似た空間を形成している。道は曲がり、高密に形成された独特の迷宮空間である。しかも、コルティーレと呼ぶ袋小路（街によってはコルテと呼ばれる）を囲んで小さな住居が取り巻く形式が、あちこちにみられる。この地区には本来モスクもあったはずだが、残念ながらその痕跡はない。アラブの記憶は、もっぱら複雑な道路パターンや地名に受け継がれている。

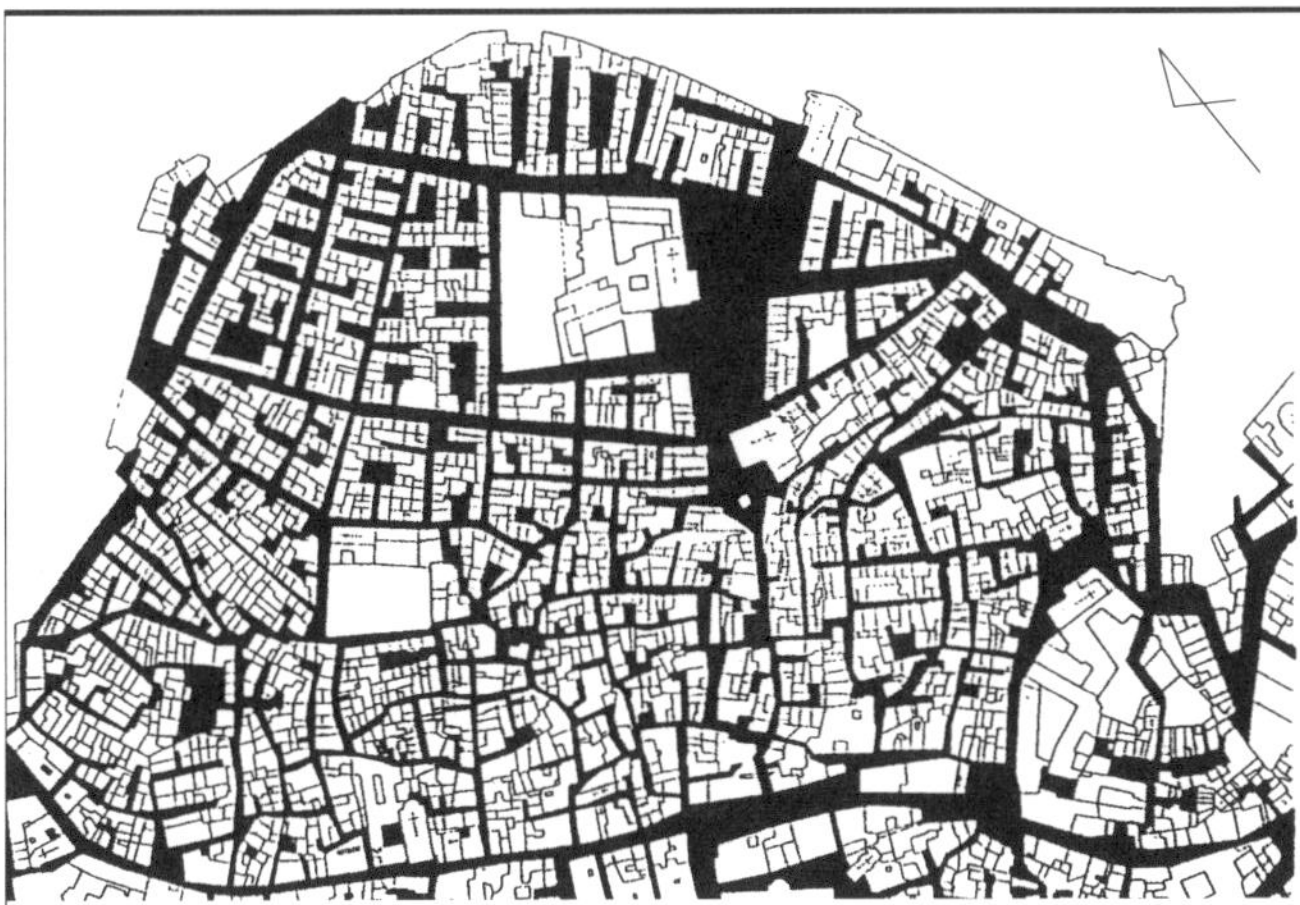

●—**シャッカの都市組織**（右下はラバト地区、左下はカッダ地区、上はサン・ミケーレ地区）

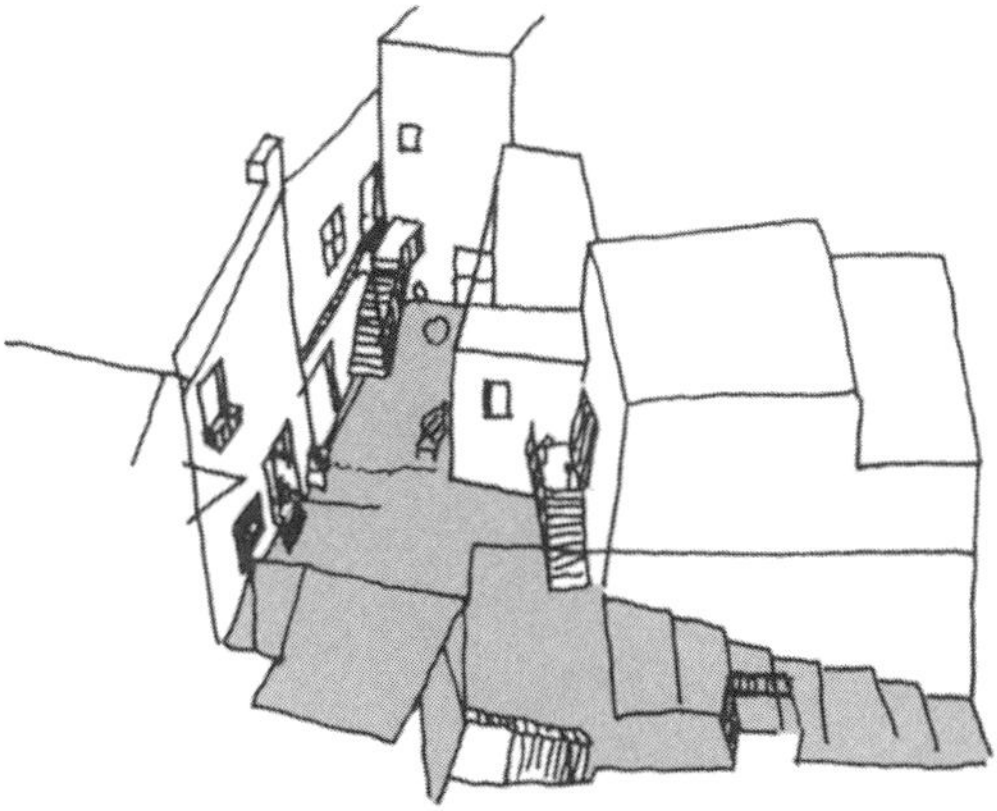

●—**コルティーレ・ティレネッタの空間構成**

●—**パラッツォ・ペロッロ・アローネ**
十五世紀の非対称形の外観をみせる。

海に開くポポロ広場

シャッカでは、貴族のパラッツォなどを除けば、ふつう、個々の家には庭がないから、コルティーレは共有の居間のような空間で、屋外に椅子を出し、人びとの寛ぎと交流の場となる。それが近隣コミュニティにとって大切な空間なのである。袋小路には、人びとの精神的絆として重要なマリア像の小祠がおかれ、共有の洗濯桶も設けられた。

つぎの十一世紀後半〜十二世紀、シャッカはパレルモに首都をおくノルマン王朝のもとで繁栄をむかえた。東西を走る古くからの街道を軸に、ヨーロッパ的な都市空間が形成され、カテドラルもその中心部にできた。やがてこの街道沿いに、有力家が邸宅(パラッツォ)を構えるようになり、街路を中心とするヨーロッパ的な華やかな空間が形成されていった。十七世紀には、イエズス会の大きな修道院(現在は市庁舎)と一体となって、市民の集まる象徴的なポポロ広場がつくられた。

一方、十三世紀末に始まるアラゴン家の支配下で、北の高台の平坦地に、農民たちを集めるための住宅地が計画的につくられた。サン・ミケーレ地区と呼ばれるこの一帯は、複雑に入り組んだラバト地区とは違って、幅の広い直線道

古い形式の農民の家

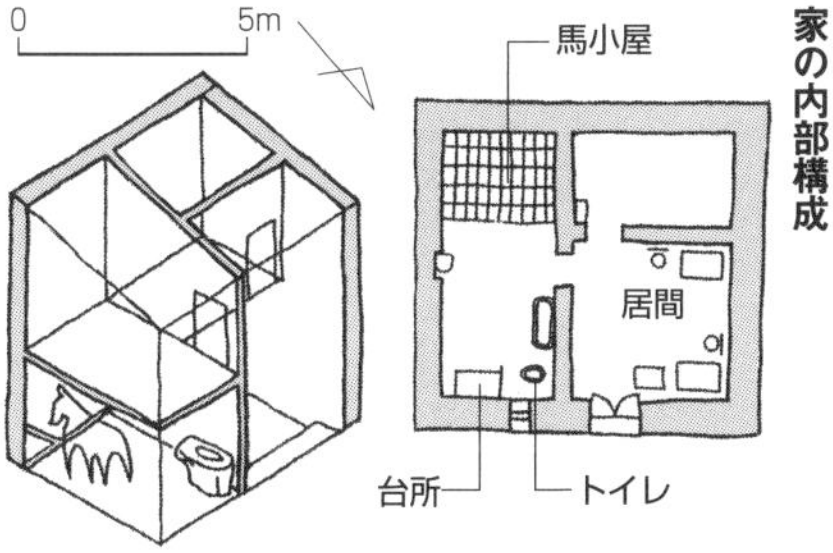

家の内部構成

路によって計画的につくられている。だがここでも、アラブ人による初期の都市づくり以来、シャッカの伝統となっていたコルティーレを囲んで数家族が集住する形式が受け継がれた。

そこでの住民はすべて小作の農民だった。封建時代には、支配者に仕えて農場を監督する中間支配層がいて、彼らが各コルティーレを管理した。袋小路には、出入り口に扉がつき、夜間は閉じていた。

こうしたコルティーレには、ところどころに古い形式の住宅が残っている。片流れの瓦屋根をもつ平屋のプリミティブな建物で、白くぬられた石造りの壁は厚い。人間も馬やロバが同じ入り口からはいり、奥の部屋を馬小屋にあてるような家もあった。

シチリアにおけるアラブ文化の影響をもつ都市は、パレルモも含め、こうした袋小路が入り組む複雑な空間を随所にみせている。さらに、イタリア半島の踵《かかと》、プーリア地方の都市にも、同じような袋小路を囲む庶民の住宅地が広く存在していることが注目される。

突然姿をみせるサン・マッテオ教会

レッチェ――迷宮のなかのバロック都市

南イタリアのとくにプーリア地方は、世界でももっとも石の文化の発達した所で、迫力のある都市や集落が多い。円錐形ドームをもつトゥルッリと呼ばれる民家が並ぶアルベロベッロの農村集落ばかりか、太陽のもとで白く輝く丘上の小さな城郭都市が、キラ星のごとく点在している。オストゥーニ、ロコロトンド、チステルニーノなどの街がとくに魅力的だ。中世の素朴な雰囲気をもつこうした街には、数多くの袋小路がある。

このプーリア地方で、もっともエレガントな都市として名高いのがレッチェである。とくに十七〜十八世紀に繁栄の時代をむかえ、バロック様式の素晴らしい教会建築や貴族の館（パラッツォ）を数多く生み、「バロックのフィレンツェ」とも呼ばれる。

レッチェの都市にもさまざまな時代がかさなり、変化に富んでいる。堂々たる円形闘技場と劇場の跡が物語るように古代ローマ時代に繁栄したレッチェは、東西―南北の道路網で碁盤目型に計画的に建設されていた。だが中世には、さまざまな民族の侵入、支配が続くなか、徐々に道路が変形し街区の歪みが生ま

バルコニーと隅の巨大な付柱

▼**持送り**　出窓、バルコニーなどの荷重を支えるために垂直な壁面から突き出して用いられる部材。

れ、周辺部には、シャッカにも似た袋小路を多くもつ不規則な形態の庶民地区が拡大していった。

　レッチェの最大の見どころは、その中世の迷宮構造をベースにしながら、華麗なるバロック都市へと変身したことにある。そこが、ヴァティカンの強大な権力のもと、直線道路をつぎつぎに切り開き、象徴的な都市軸を結んだバロック都市、ローマとは、好対照である。地元でとれる金のつやをもった黄土色の石灰岩がまた、暖かみのある独特の華やかさを生んでいる。粒子が細かく、しかもやわらかくて加工しやすいため、細密な装飾にはうってつけの石だ。この石材を自由に駆使し、素晴らしいディテールで飾られたバロックの建築文化が開花したのである。

　レッチェでは、街路にまるで舞台装置のような演出がつぎつぎになされていった。公共権力が押し進める大がかりな都市計画によってではなく、それぞれの建物の所有者が思い思いに自分の建物を飾り、街路の演劇性を高めたことが興味深い。角地に建つパラッツォの隅につく巨大な円柱、建物の正面入り口（ポルターレ）とバルコニーを支える持送り▲の造形が目を奪う。玄関の柱にはカ

パラッツォ・オルシーニの中庭と庭園

リアティード（女像柱）、持送りには獣、人間、女神の上半身などが刻み込まれ、見る者に独特の感情移入を起こさせる。

レッチェの建物のおもしろさは、街路側の演出ばかりではない。むしろアラブ都市とも共通する、地中海世界らしい内に秘めた中庭や前庭の美しい構成にこそ、この街の真骨頂がある。そこにも階段やギャラリーなど、バロックの演劇的な空間が実現しているのをよく見かける。貴族の邸宅では、人工的な舗装された中庭の向こう側に、緑あふれる庭園があり、オレンジ、レモン、そして香りのよいマンダリーノの樹々が豊かな緑の空間をもつ。

貴族の館から庶民の家まで、石材の豊富なレッチェだけに、どの部屋にもすべて石の立派なヴォールトが架かる。星形ヴォールトという手の込んだものも多用されている。

前庭の街路に面した正面入り口の上には、ミニャーノというこの地域独特の一種のバルコニーがあり、装飾的な造形が街路を飾る。中世のビザンツ文化からの影響といわれ、かつて自由に路上にでられなかった女性たちがここで寛ぎ、外の世界とも繋がりがもてた。

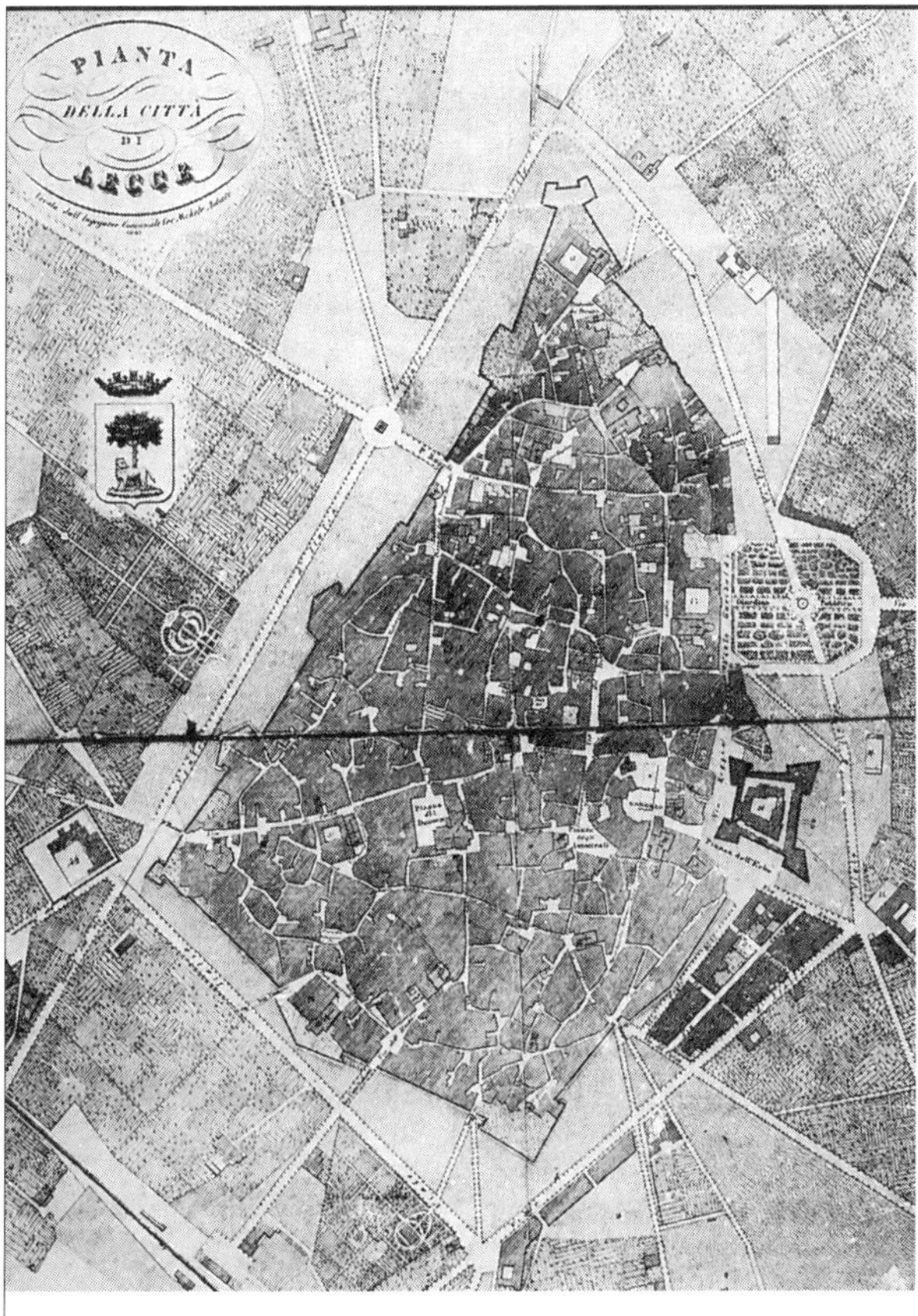

●——正確に作成されたレッチェの地図（一八八二年）　上が北。迷宮的構造の道路網がよくわかる。

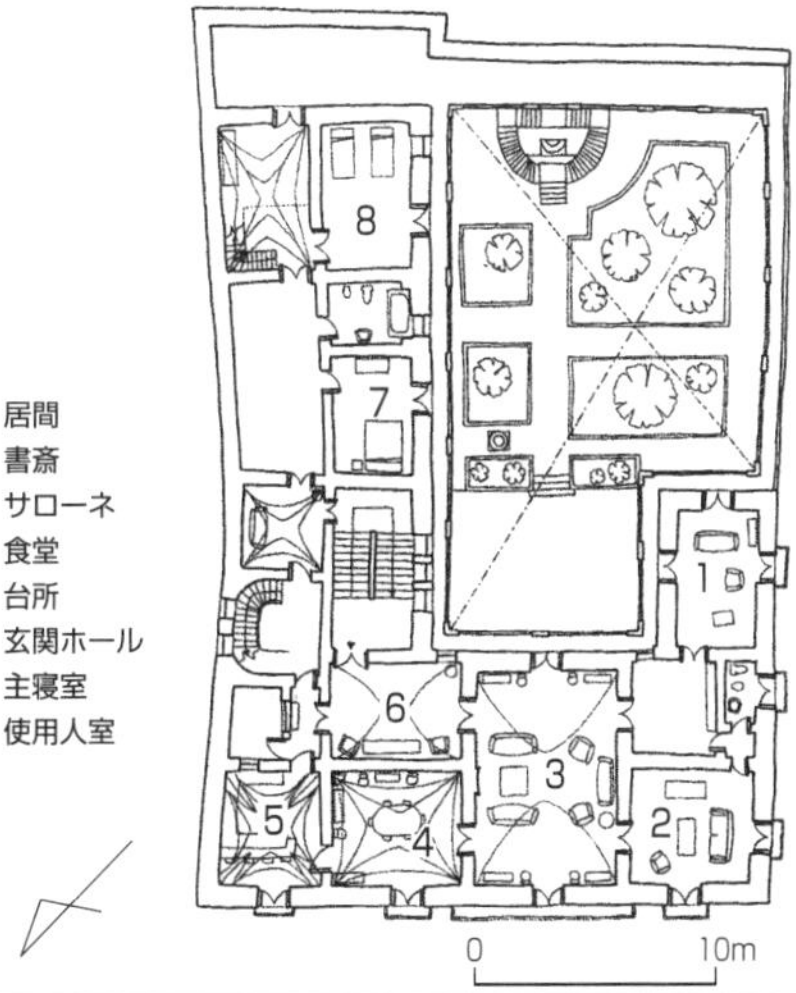

●——パラッツォ・オルシーニの二階平面図

庶民住宅のヴォールト天井

観葉植物で飾られたミニャーノ

コルテ・グイドーネ・ダ・ラヴェンナ　奥にマリア像が祀られる。

レッチェには、こうした貴族、上流階級の優雅な世界とまた対照的な、庶民の賑やかな生活空間が発達していた。街のいたるところに分布するピアツェッタと称される小広場や、レッチェではコルテと呼ばれる袋小路がそれにあたる。近隣の人びとが集まり、共同で使い、また交流する場としてふさわしい戸外空間が無数にちりばめられている。しかも、一階に住む人びとが多いのをみても、かつて人びとの生活が路上にまであふれでていたことは想像に難くない。

とくに、袋小路のまわりを小さな住宅群がぐるりと囲う構成は、プーリア地方の小都市のどこにもみられる住み方の一般的な形式であり、昼間外に働きにでる農民を中心とする庶民階級にとって、理にかなったものだった。家が手狭な分、共有の路地が庭先のような役割をした。袋小路の突当りには、しばしばマリア像が祀られ、近隣の人びとの精神的な絆となってきた。

このようにレッチェの迷宮都市には、中庭や前庭、そして庭園、あるいはまた共有の袋小路など、外部空間をたくみに取り入れた多種多様な住いの形式が存在している。これほどまでに高度な住文化を築き上げたレッチェの歴史的な経験に驚かされる。

サルデーニャ――農業に生きる町と羊飼いの町

地中海世界の住居を語るうえで、サルデーニャも示唆的である。この島にかんしては、古代の巨石文化の一つ、ヌラーゲ▼の存在がよく知られるが、中世に起源をもち現在まで営みを続ける都市や集落についてはほとんど紹介されることがない。この島に存在する二つの対比的な町と住居のあり方をみておきたい。

南部のカンピダーノ地方の平野部は、小麦栽培が中心の農業を基盤とする地域である。水のえやすいやや小高い場所に中世のある段階で人びとが移って、現在にいたる町をつくった所が多い。シリクアやセラマンナがその典型である。サルデーニャでは城壁をもつのは、海沿いの大都市に限られ、内陸の町にはそれがない。日干し煉瓦造の外に閉じた家が連なる街路は、微地形に合わせて湾曲し、いかにも地中海らしい迷宮的な景観をつくりだす。条件のよい高いエリアに並ぶ地主階級の屋敷が、コルテ(庭、あるいは中庭)を生かした特徴ある建築の構成を示す。塀の一画から大きなアーチの入り口をくぐると、緑にあふれた生活用のコルテに出る。その奥に、ロッラと呼ぶ半戸外の柱廊を前面にもった

▼ヌラーゲ　大きな石を積み上げた円錐形の塔。上部にはドームが架かる。紀元前一五〇〇年からローマに滅ぼされる紀元前三世紀までの高度な文明によってつくられた建造物で、その総数はサルデーニャ全土で七〇〇〇～八〇〇〇もあるという。単独に建つものばかりか、数個が集まり周辺に住居群を形成し複合体をなすものも多い。防御の塔に加え、部族長の館、儀礼の象徴的建造物などの役割をもったと考えられる。

植栽された居心地のよいコルテ(セラマンナ)

羊飼いの町(トナーラ)

羊飼いの家のパン焼釜(アリッツォ)

主屋がある。棟はふつう東西の方向を向き、ロッラは南側のコルテに開いて、快適な空間となる。庭からは段差があり、椅子やテーブルがおかれ、戸外の居間のような役割をする。作業の合間の休憩、手仕事をする場所、また隣人をまねくさいのサロンなど、さまざまな使われ方をされる。古代から連綿と続いてきた地中海的な生活空間のあり方をここにみてとれる。

一方、主屋の北には、農作業用の広いコルテがとられ、そのまわりに家畜小屋や作業用具を収納する倉庫がおかれている。かつては牛を中心にたくさんの家畜がいた。周辺の田園に広い農地をもつこれら地主階級の家は農場であり、それが集まって町(集落)をつくったのである。大勢の農民が農場で働き、住込みの人たちもいた。週末のみ自分の家にもどったという。こうした小作人の家は、小さいながらもコルテをもち、町のやや低いエリアに集まっている。

カンピダーノの地主の家は、かならずパン焼釜をもつ。戦前までこの地方では、小作人にたいして、賃金でなくパンなどの現物支給がなされていたという。

一方、島中部の山間に広がるバルバージャ地方には、サルデーニャの古代からの伝統が強く生き、牧畜中心の羊飼いの町が分布する。サントルッスルジュ、

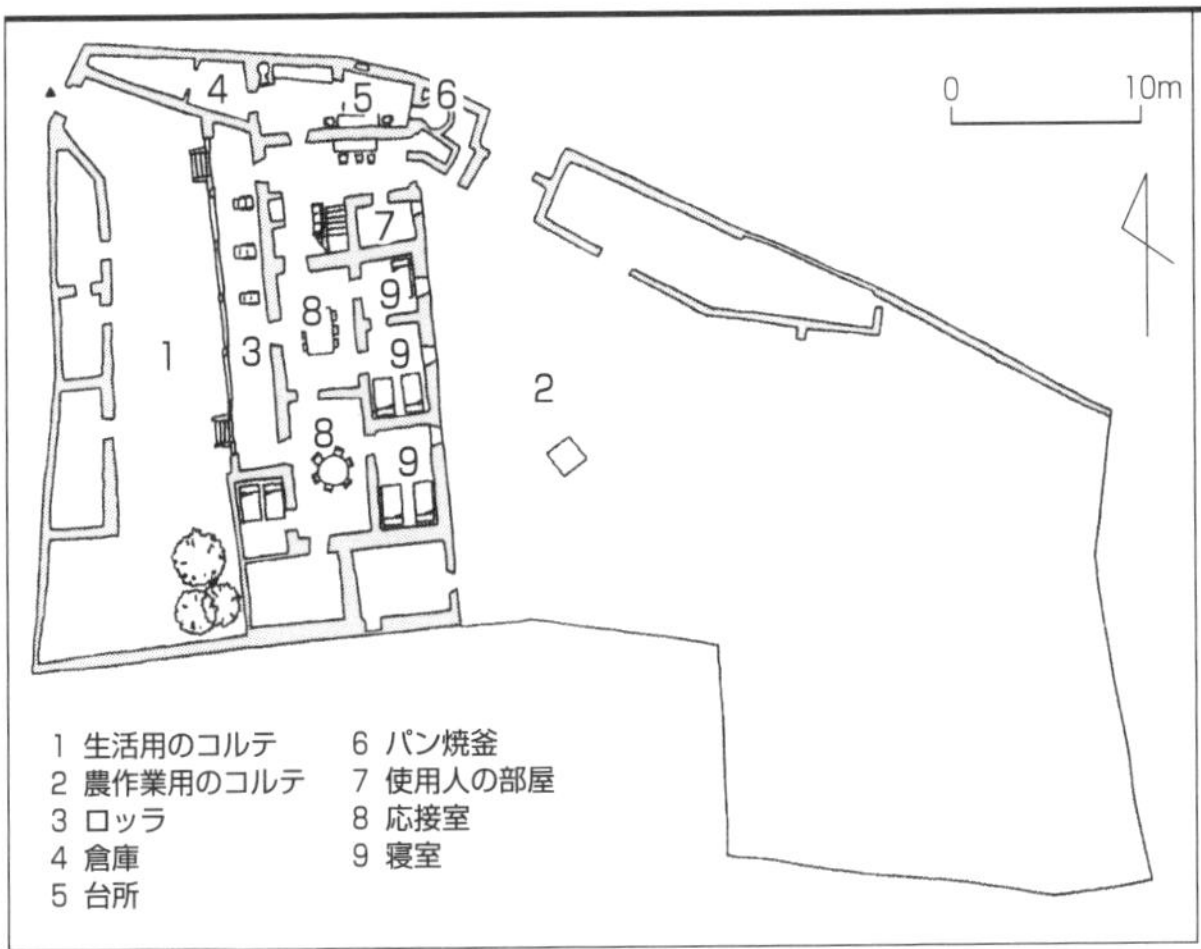

●—地主階級の屋敷(セラマンナ)

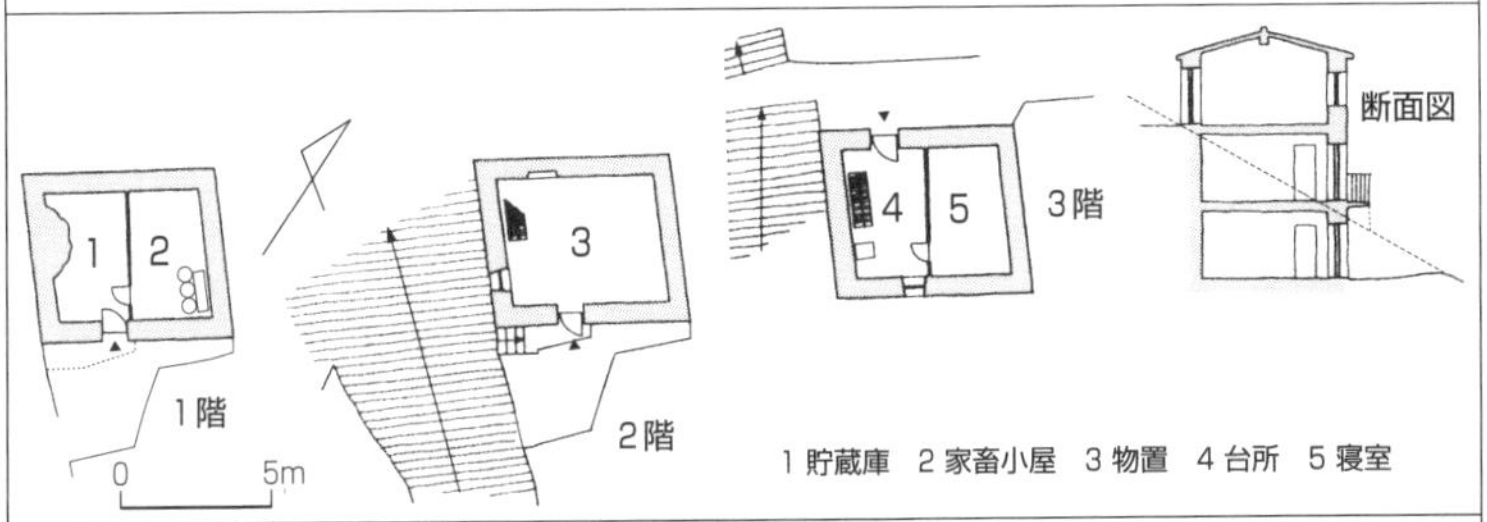

●—傾斜を利用して三層に展開する羊飼いの家(デズロ)

●—羊飼いの家の外観

階段と木製のバルコニーのある袋小路（オリエーナ）

▼ラティフンディウム　古代ローマにおける奴隷労働に頼った大土地経営のこと。南イタリアには、その伝統が歴史のなかでずっと受け継がれ、今も大規模な農場経営がみられる。

デズロ、トナーラをはじめ、どれも斜面に複雑に道が入り組んだ高密な都市空間をつくりあげている。

古代のラティフンディウム▲のあり方を伝統として保ってきたカンピダーノの階級社会とは対比的に、羊飼いの町はみな、自分の羊を数多く所有し自立して暮す、ある種、平等社会である。自分の家にパン焼釜をもつ。斜面にそって、羊飼いの家族の小規模ながら粒揃いの住居が建ち並ぶ。地形が生むレベル差を生かし、下の階に家畜小屋がしばしばとられる。寒い冬は家畜の体温が上の生活空間にとって、暖房代わりになったという。下に家畜小屋がある場合は、二層目が玄関をかねる多目的な居室、三層目が寝室となる。

バルバージャの牧畜中心の地域でも、少し自然環境がおだやかなソルゴノやオリエーナには、コンパクトな中庭や袋小路をもち、外階段で昇る二階に木造のバルコニーを設けた住居がみられる。いずれも戸外空間を生かす、地中海色の強い住空間といえる。

羊飼いは長期、羊の群れを連れて家を離れる。したがって、町の教会や家を守るのは、女たちの仕事である。地中海世界に広くみられた羊の移牧の伝統がバルバージャ地方でもおこなわれていた。今は少なくなったが、寒い冬のあいだ、羊は南のカンピダーノ地方へ移動したのである。

　このようにサルデーニャの町と住居は、気候風土、生業、社会関係等に注目し、文化人類学的な観点もいれて比較するのに、じつに興味深い対象である。

アマルフィ——渓谷に発達した中世海洋都市

　一転してつぎは海の方へ目を向けよう。イタリアの地中海を舞台に活躍した中世海洋都市国家としては、アマルフィ、ピサ、ジェノヴァ、そしてヴェネツィアがある。どの町も、イタリアの他の多くの都市に比べ、中世の早い段階から都市づくりを推し進めた。東方貿易をつうじたイスラーム世界との交流のなかから、経済的な繁栄を実現し、華やかな文化を開花させたのである。

　そのなかでもじつは、南イタリアのナポリの南にあるアマルフィが、もっとも早く羅針盤を使った航海術を発達させ、十、十一世紀にはすでに繁栄を極めた。

　いかにも地中海の港町らしく太陽にあふれたアマルフィは、背後に険しい崖

海から見たアマルフィ

ドゥオモ広場

が迫る渓谷の限られた土地に、その斜面を有効に生かしながら、迫力のある高密な迷宮都市を築き上げている。この町を歩くと、オリエント・アラブ世界との交易に活躍した華やかな歴史の足跡が、いたるところに刻まれている。

地中海に君臨したアマルフィは、海の美しい自然景観を誇るいわゆるアマルフィ海岸に点在する他の小さな町や集落も一緒になって、中世の強力な一大共和国を形成していた。そして現在、アマルフィの町を中心とするこの海岸全体が世界遺産に登録されている。

海洋都市アマルフィには、海からアプローチしたい。大聖堂の鐘楼がランドマークとしてひときわ高く聳《そび》える。海の門（ポルタ・マリーナ）の外側の港周辺には、中世には海洋都市を支える施設がたくさんつくられた。フォンダコ（キャラバンサライ）の跡や、十一世紀に建造された巨大な造船所が今も残されている。おそらく現存する世界最古の造船所だろう。

中世の早い段階には、港の施設が今よりずっと大きく海側へ張り出していたが、十三世紀の大波で破壊され、水面下に沈んだとされる。近年、水中考古学の調査で、失われた埠頭や灯台の跡が確かめられた。

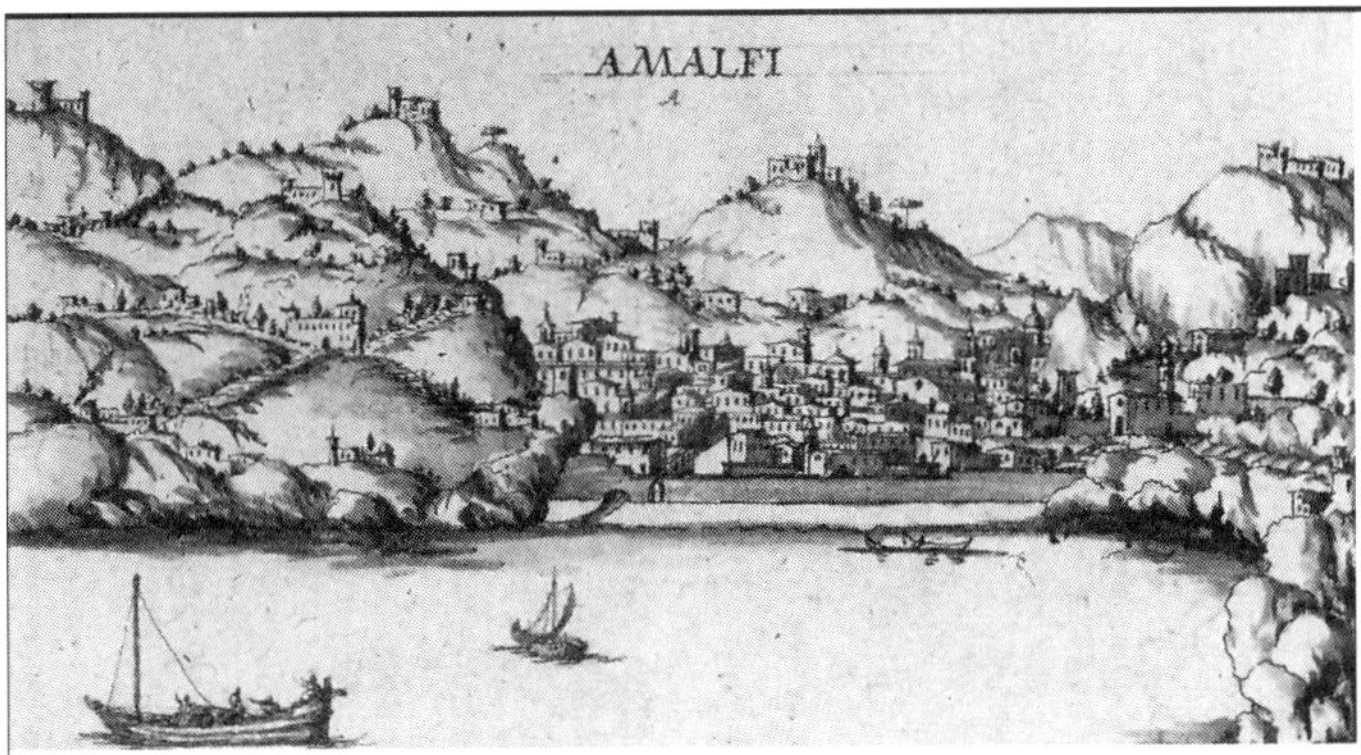

●—海から見たアマルフィの景観画（十七世紀）

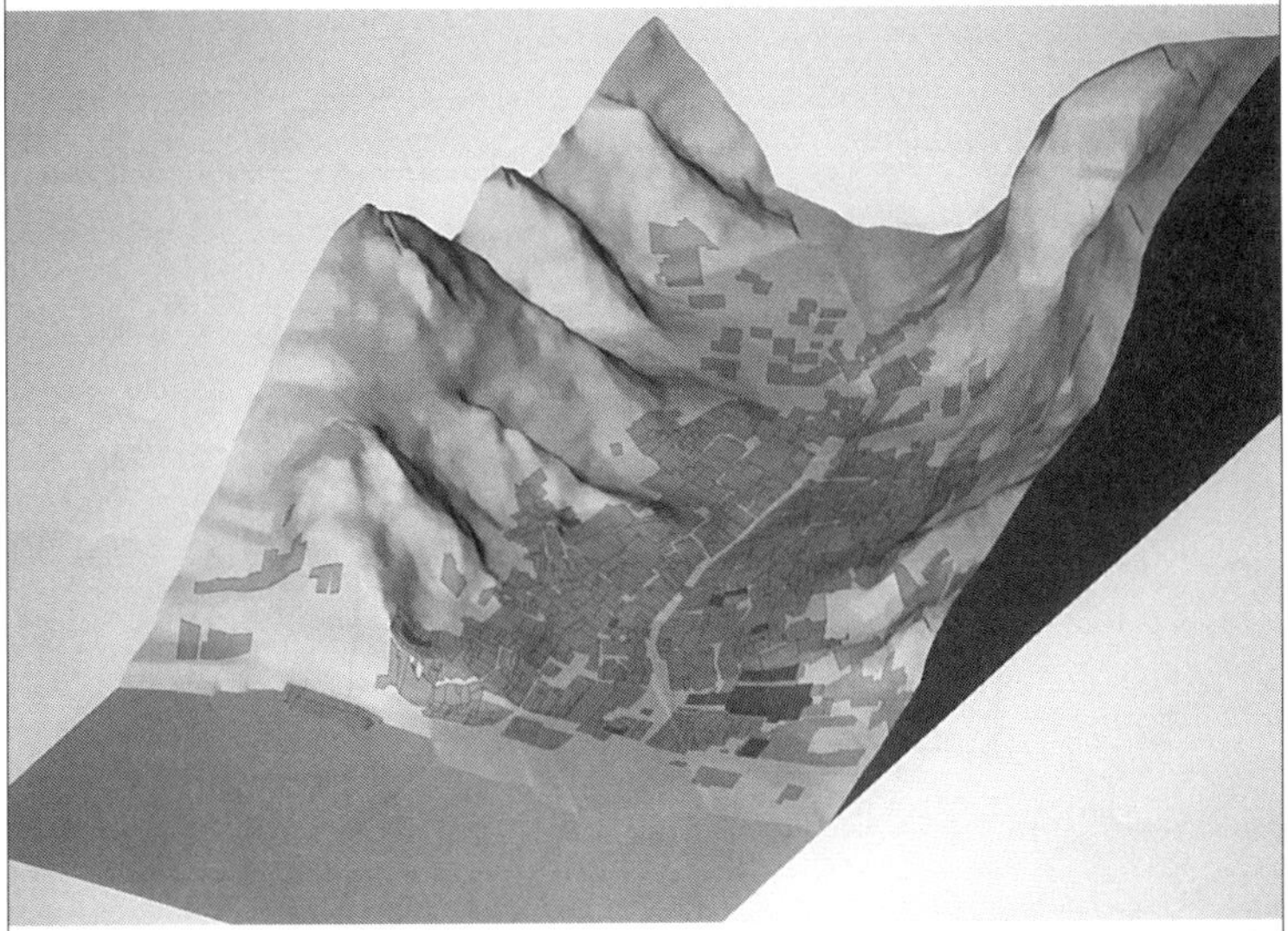

●—アマルフィの地形と都市の広がり

天国の回廊

海の門をくぐり、右に折れると、目の前に華やかな広場が出現する。その正面奥に聳えるドゥオモ（創建は十世紀）は、アラブ独特のアーチを工芸的に織り上げた美しい外観をみせる。現在のファサードは、十九世紀後半の再構成のさいに、もともとのアラブ風の外観を理想化して造型されたもので、エキゾチックなこの町の雰囲気を生んでいる。

その脇に聳える鐘楼（十二〜十三世紀）も、黄と緑のマヨリカ焼のタイルで飾られた頂部やその下にめぐるアーチの造型に、イスラーム世界との結びつきを表現している。だが、圧巻は、聖堂の左手奥にひそんでいる「天国の回廊」（キオストロ）である。もともとアマルフィの有力家族たちの墓地として十三世紀につくられたもので、太陽の眩しい華やかな港町の表側とはうって変わった静かな落着きをもつ。まさに砂漠の民、アラブ人が求めた「地上の楽園」のイメージがここにも感じられる。

このドゥオモ広場は、地形からしても、谷間の斜面に住む人びとは、かならずここに集まるような都市の構造になっている。昼間は観光客の数も多いが、朝から晩まで、市民のさまざまな活動が広場を中心にくりひろげられる。とくに、毎晩十時ころから、夕食を終えた市民が大勢集まってくる。車やバイクで周辺の町や村からやってくる若者もたくさんいる。歴史的な象徴としてのドゥオモ広場が今も、社交の舞台となっている。

つぎに商業の空間をみよう。観光客があまりはいりこまない西のすぐ裏手に、港の交易機能と直結した商業中心、フェッラーリ広場があり、今も市民が生鮮食料品などを買いに集まる場所となっている。女性の立ち話がここには多い。

だが、活気ある商業空間は、ドゥオモ広場から奥へ奥へと伸びる谷底の街路沿いに発達している。じつは、この下には川が流れている。アンジュー家▲の支配下にはいった十三世紀の末に、衛生上の理由と都市開発のため、川に蓋がされ、道路が建設された。谷底に発達したこの商店街は、ちょうどアラブ世界のスークのように、小さな店舗が両側にぎっしり並び、活気にあふれている。ただし、店舗群の上に住宅が何層にものっているのが、アラブ都市のスークと異なる。この商店街の一角に、ヨーロッパでは極めてめずらしい中世のアラブ式浴場の遺構が残っている。アマルフィにはアラブ人のコミュニティそのものは存在しなかったが、アラブ文化から受けた影響は大きい。

▼アンジュー家　フランス王家（カペー朝）の流れを汲む貴族の家系が、十三世紀、シャルルを祖とするアンジュー家を成立させ一二六六年に彼がシチリアおよびナポリの王位についた。ナポリのアンジュー家支配は一四四二年まで続いた。

広場から商店街へはいるあたり（十九世紀末ころ）

十四〜五世紀の建物　一階は商店、上階が住宅。

アトリウムを囲むビザンツ様式の建築複合体

この目抜き通りの両側の建物をじっくり観察するとおもしろい。一階の店舗内部には中世のヴォールト天井が多く残るし、二階のいくつかの住宅には十四・十五世紀のアーチをもつバルコニーがみられる。下の階ほど古く、上にどんどん新しい様式で増築していった軌跡が読み取れるのである。アマルフィでは、十八世紀に川の上流で水車を使った製紙業が発達し、ふたたび繁栄をむかえたため、その時代に増築が進んだのである。石造の厚い壁の建物だけに、上へどんどん積み上げていくことが可能だった。

ここで注目されるのは、上の階の住宅群へは表通りからは決してはいらず、そこから枝分かれして登る階段状の脇道に入り口を設けているという点である。こうして公的な商業空間と私的な住空間をたくみに分けるセンスは、アラブ・イスラーム世界の都市と共通している。国際交易都市だけに、外からやってくる旅人や商人が私的領域にははいりにくくなるよう、工夫しているのである。

この谷の東側にも西側にも、斜面に階段状の道を登りながら、上へ上へとかさなるように住宅地が広がっている。道は曲がりくねっているうえに、あちこちでトンネルが頭上をおおい、光と闇が交錯する。しかも急な階段が多い。そ

● 目抜き通りの構成

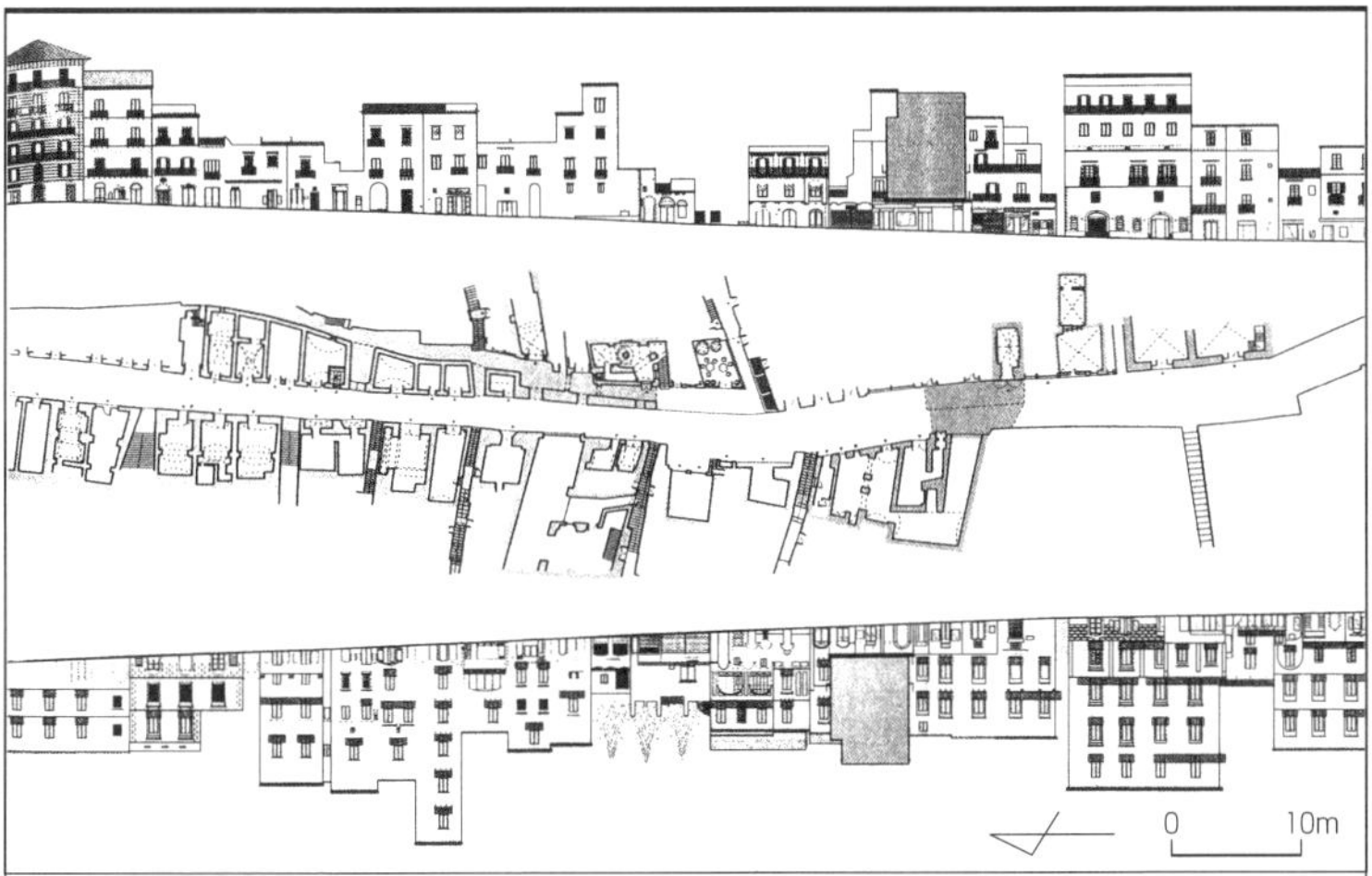

● 東側斜面の住宅群

1 スキップフロア状のコルティーレ　2 サンタ・ルチア教会
3 サン・シモーネⅡ坂　4 ハイビスカスの咲くコルティーレ

高台の住宅からの眺望

んな立体迷路をぬけてしばらく上り詰めていくと、パッと視界が開け、海洋都市の美しいパノラマが目の前に広がる。

アマルフィは、ともかく他のイタリア中世都市に比べ、繁栄した時期がずっと早い。しかも、十一～十三世紀という早い時代の建築遺構がいくつも残っている。中世のアマルフィは、ヴェネツィアなどと同様に、教区教会を中心として居住核を形成していった。しかも、防御のうえで都合のよい、斜面をかなり登った上の方に古くからの住宅地ができたことが読み取れる。当時の人びとは、現代人ほどそれを不便な場所とは考えなかったに違いない。

もともとギリシア人のコミュニティとして生まれたという町の南西部の一画に、十二世紀末の古い建築複合体がある。それは袋小路の奥にひそんでいる。狭いアトリウム（中庭）を囲んで四層まで伸びるいささか圧迫感のあるつくりだが、その空間構成はいかにも地中海的で、そこにビザンツ様式の小柱や柱頭がよく残っている。もともとは、大家族で住む富裕階級の邸宅（ドムス）であった。

つぎに、目抜き通りを進み、東に深くはいろう。外は狭い迷路で、いささか鬱《うっ》陶《とう》しくとも、塀で囲われた個人の敷地の内部は豊かで広い。多くの家では、バル

海からの正面玄関ピアツェッタ

コニーから海側と山側の両方へ眺望が開けるよう、配置を工夫している。屋上テラスを活用してパノラマを楽しむ家も多い。都市の発展で、谷の両側にぎっしり住宅が並ぶようになると、古代の地中海世界を受け継ぐアトリウム型の住宅を捨て、アマルフィの人たちは、外に開いて斜面に建つ形式の住宅を発達させたのである。南イタリアらしいコルティーレ（袋小路）もところどころにある。

アラブ世界のような中庭はないが、内に秘められた庭が生かされ、外から覗かれない家族の安らぎの場を生んでいる。レモンやオレンジの栽培のため、どの家でも雨水を集めて灌漑をしていたことがわかる。外は狭い迷路で、いささか鬱陶しくとも、じつは、塀で囲われた個人の敷地の内部は豊かで広い。しかも、バルコニーから海側と山側の両方へ開くパノラマを楽しめるという贅沢《ぜいたく》な家が多いのだ。地中海世界には、このように長い都市文明を背景として、さまざまな住宅の形式、住み方の知恵や演出が存在しているのである。

ヴェネツィア——水と共生する都市

水に浮かぶヴェネツィアは、ラグーナ（潟）のデリケートな環境条件のなかに

リアルト市場の店舗群

誕生した。南北に伸びるこのラグーナは、じつに不思議なかたちをしている。大陸から流れ込む多くの川が、土砂を運び浅瀬をつくる一方、アドリア海の波の力との拮抗《きっこう》のなかで、リドからマラモッコ、キオッジャへと伸びる自然の防波堤のような細長い島ができた。その途中の三カ所にある小さな海峡で、外と内の海がつながり、潮の干満による海水の出入りで、生活排水も汚物もきれいに浄化されてきた。都市全体がまさにエコロジカルな装置になっている。

しかも、ラグーナの浅い海は、舟の航行できる水路が迷路のように複雑にめぐっているため、敵船には侵入できない、まさに天然の要塞であった。激動の中世初期を生きた人びとは、異民族の侵入から逃れ、安全を求めて、この水上の浮き島、ヴェネツィアに移り住み、九世紀初頭から本格的な都市づくりを開始したのである。

水上の特異な条件を生かし、長い時間をかけてつくられたヴェネツィアは、上から見ると、まるで生き物のような有機的で複雑なかたちをしている。数多くの小さな島が、リオと呼ばれる小運河をめぐらしながら、寄木細工のように集まって、全体をぎっしりと構成している。リオは古い中心部ほど、自然の水

カ・ダ・モスト　十三世紀の商館建築。

の流れに応じて整備されたから、曲がりくねり、幅もまちまちで変化に富む。それぞれの島＝教区では、広場（カンポ）を中心に住宅地の開発が進むにつれ、カッレと呼ばれる道が数多くつくられたが、それも折れ曲がり、見通しがきかない。島と島のあいだを結ぶために、ねじれたかたちの橋（ポンテ・ストルト）をあとからむりやり架けることも多かった。こうして、水路と道が複雑に交錯する水上の迷宮空間としてのヴェネツィアが形成された。

水の都をまとめあげる幹線水路として、中央部を逆S字形に貫く大運河（カナル・グランデ）が生まれた。それは大陸からはいりこみ、ラグーナを通ってアドリア海へぬける水の自然の流れを活用しながら、人工的に整備された運河である。都市を統合するのに欠かせない二つの象徴的な中心、サン・マルコ地区とリアルト地区が、この大運河で結ばれながら形成された。

まず、ラグーナの水面に南向きに開く絶好の場所に、政治と宗教、そして文化の中心、サン・マルコ地区がつくられた。「海の都」にふさわしく、この街の正面玄関は、そのラグーナに面したピアツェッタ（小広場）に設けられている。アドリア海からラグーナにはいった船は、高く聳えるサン・マルコのカンパニ

ヴェネツィア鳥瞰図（一六三五年ころ）

ーレ（鐘楼）をめざし、この都市の中心へと導かれた。

正面の船着き場には、オリエントから運ばれた二本の円柱が並び、門構えをなす。ここには政治の中心、総督宮殿が右手に、文化の象徴マルチアーナ図書館が左手に建つ。奥へ進むと、宗教の中心サン・マルコ聖堂を頭におくピアッツァ（広場）が眼前に開ける。共和国の豪華な公共建築で囲われ、柱廊のめぐる光に満ちたこの広場は、都市の権力中枢であり、世界の人びとが集まる華麗なサロンでありつづけている。世界でもっとも美しい広場の一つといえるだろう。

カナル・グランデのほぼ中央部に、水の都のもう一つの中心、リアルト市場がある。こちらは、経済の中心である。運河の幅がやや狭いこともあり、中世からここにカナル・グランデ唯一の橋が架けられた。元は木の跳ね上げ橋だったが、十六世紀後半に、石造の堂々たるアーチ橋に架け替えられた。かつてのリアルトは、東西の世界を結ぶ中央市場の役割をもち、運河沿いの河岸は、荷がどんどん搬入・搬出される活気ある場所だった。市場の中心は、古い起源をもつサン・ジャコモ広場前の回廊のめぐる広場で、銀行、両替屋、保険会社が並び、各種商品の相場が決められ、取引で賑わっていた。そのまわりに、貴金

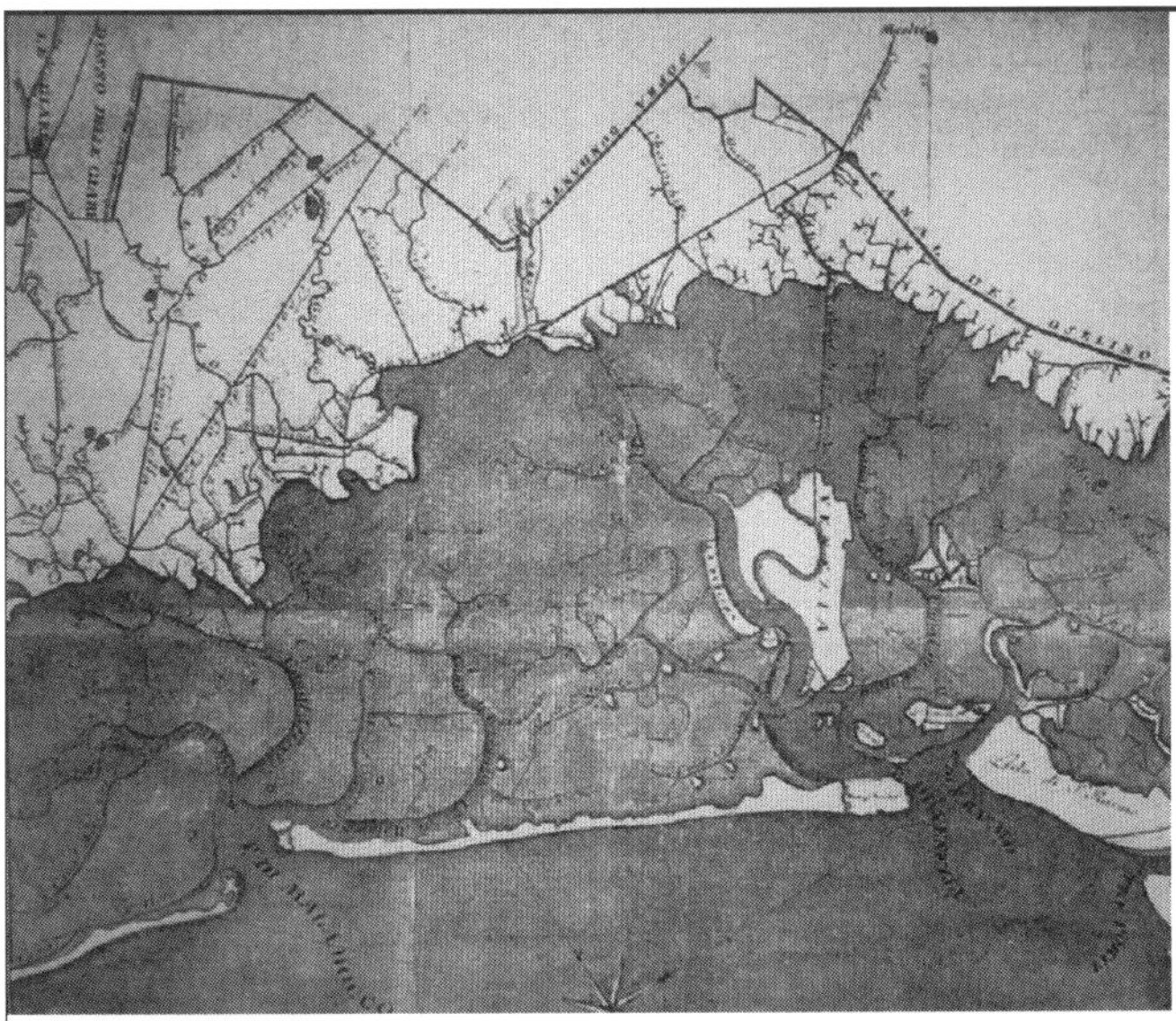

●——**ラグーナに浮かぶヴェネツィア**（一七一一年）　下がアドリア海、上が本土。

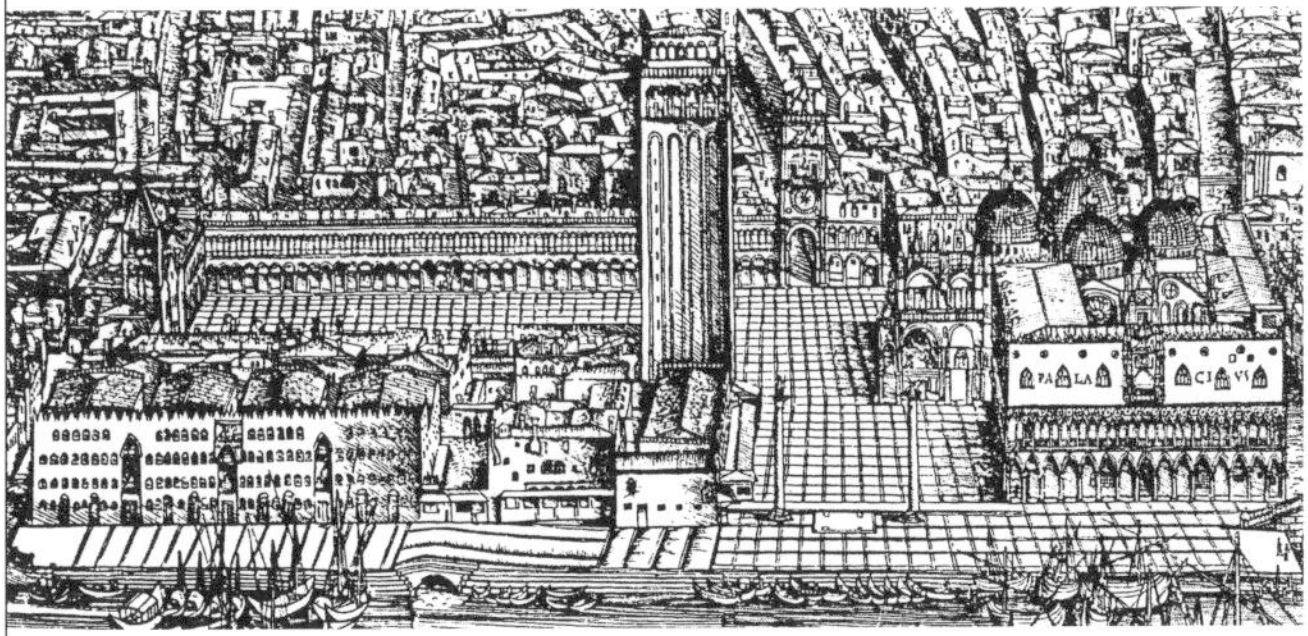

●——**サン・マルコ広場とその周辺**（ヤコポ・デ・バルバリの鳥瞰図、一五〇〇年、部分）

●——**大運河に架かるリアルト橋と市場**（橋の左手）　一六三〇年ころの景観画（部分）。

カ・ドーロ正面外観

属や絹織物など高級品を商う小さな店舗がぎっしり並ぶ姿は、イスラーム世界のバザールやスークともどこか似ている。現在のリアルトは、東西世界を結ぶ経済中心としての機能は失ったが、市民の台所を支える市場として活発に機能しつづけている。

ヴェネツィアの住宅建築でもっとも華やかな輝きをみせるのは、大運河にそって並ぶ貴族の邸宅である。東方貿易で活躍した冒険的な商人貴族たちが、十二・十三世紀に商業の中心リアルト地区に近いカナル・グランデ沿いに商館を建設したことが、この水の象徴空間を形成するきっかけとなった。水から直接立ち上がる建築は、無数の長い杭を地中深く打ち込む特別な基礎技術の開発に支えられて実現した。これらの商館は貴族の商業センターであるとともに住いの機能をもっていた。有力な商人にとって、カナル・グランデに面した一等地に商館を構えることはステイタス・シンボルでもあった。のちのゴシック、ルネサンス、バロックの各時代をつうじ、この幹線水路に面して、その時代のもっとも華やかな住宅建築が建設されつづけたのである。

十二・十三世紀の商館建築はフォンダコと呼ばれ、商業センターと私的な住

カ・ドーロ中庭

いをかね備えるものだった。東方から持ち帰られた物資が船で各商館へと運ばれたから、ここでは水際に正面玄関を設け、直接荷揚げできる開放的な構成がとられた。結局それは、波止場、荷揚げ場、倉庫、商館、住宅といったさまざまな機能を一つの建物のなかに統合したものだった。

ヴェネツィアのこうした商館建築が成立するにあたって、まずは、古代ローマ時代の海浜や田園につくられた別荘からの、続いて、オリエントの進んだ建築からの影響を受けたと考えられる。とくにアーチのかたちや配列、装飾的な細部などに、ビザンツ、そしてイスラームからの影響が強くみられる。しかも、ヴェネツィア商館の「フォンダコ」の名称は、アラビア語の「フンドゥク」(商館、隊商宿)にその語源をもつとされる。ヴェネツィア人は、交易に生きるアラブ人から、その呼び方ばかりか「商館」という施設のあり方そのものを学んだに違いない。

続く十四・十五世紀、ヴェネツィアは都市建設の黄金時代をむかえ、運河と道が交錯する「水の都」を築き上げた。北から流れ込んだゴシックの様式を、オリエントともつうずるこの町独特の工芸的・装飾的趣向のなかで華麗に展開

パラッツォ・ヴァン・アクセル外観

パラッツォ・ヴァン・アクセル中庭

させ、明るく開放的な建築様式をつくりだした。この時期の貴族住宅は、もっぱら商館機能に重点をおいたフォンダコから、家族生活、接客機能を重んじた内部空間を充実させる方向へ変化した。運河に面した一階の柱廊が失われる一方、内部に美しい中庭(コルテ)がとられ、落ち着いた居住環境を演出するようになった。回廊がめぐり、舞台装置のような外階段が立ち上がる中庭は、アラブ世界の中庭ともつうずる居心地のよい私的な空間を生んでいる。

ヴェネツィア・ゴシックの最高傑作と呼ばれるのが、カ・ドーロ(金の家、一四三四年完成)である。中央広間を軸とするオーソドクスな三列構成をとりながら、運河に開く部分で、意図的にシンメトリーをくずし、軽快にアーチを連ねる開放的なロッジア▲を実現している。内部も、外観に劣らず美しい。大運河から光の差し込む中央玄関を進むと、脇に、柱廊のめぐる中庭が開ける。外階段がゆったり立ち上がり、折れながら二階のピアノ・ノービレ(主階)にいたる。二階と三階のそれぞれのロッジアから、バルコニー越しに大運河のパノラマの素晴らしさを体験できる。

ゴシック様式のパラッツォは、大運河やリオと呼ばれる内部の運河にそって、

▼ロッジア　水に面するヴェネツィアの貴族の邸宅は、外部に開放的なつくりをもてた。この街では、一階の柱廊をポルティコ、上階の柱廊をロッジアと伝統的に呼ぶ。ロッジアは、小さなアーチがリズミカルに連なる美しい開口部である。

パラッツォ・ヴァン・アクセル平面図

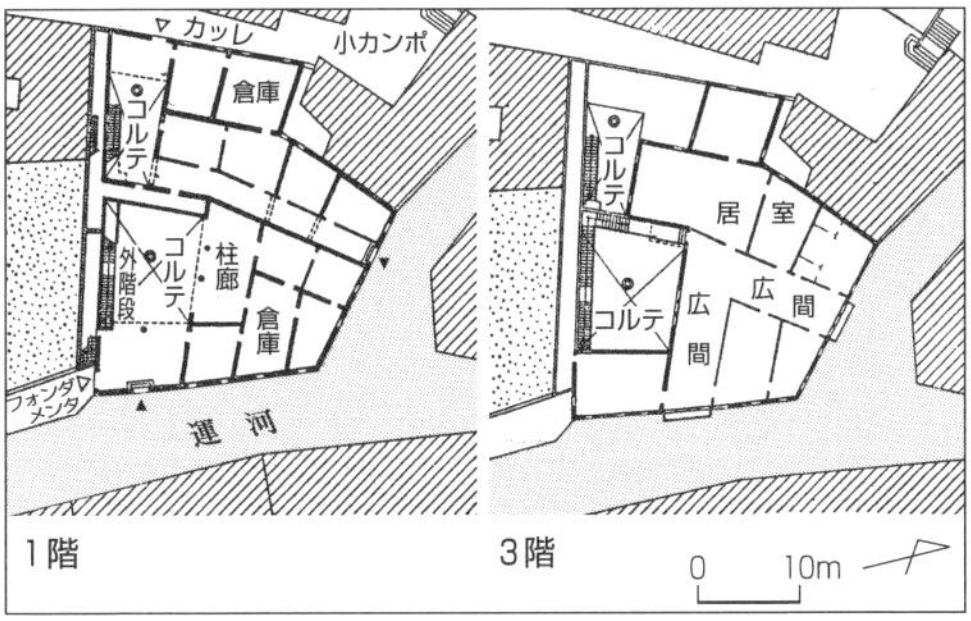

さらにはカンポ(広場)に面しても数多く登場した。交差する運河の鈍角の角地に十五世紀につくられたパラッツォ・ヴァン・アクセルは興味深い。ヴェネツィアに蓄積された住宅のプランニングの技術のすべてを駆使して、上下に二家族がかさなって住む貴族住宅をつくりあげた。コルテも外階段もそれぞれ独自にもち、おたがいに顔を合わせず、完全に家族のプライバシーを守りながら快適に住めるものだった。二家族が上下にかさなって住むとはいえ、それぞれの家族はフロア全体を占有し、貴族の館がもつべきすべての条件を備えることができるのだ。そればかりか、鈍角にまじわる二つの運河のそれぞれに堂々たるファサードを構え、建物の内部では、どちらの運河に向けても、中央に広間、その両サイドに居室群を並べる伝統的な三列構成を示している。まさにヴェネツィア建築の神髄といえる。

貴族の住いばかりか、庶民の生活空間も中世から充実していたのも、ヴェネツィアの都市文化の大きな特徴である。人びとの生活空間である一般の地区に足を向けてみよう。橋をこえて、狭い道(カッレ)をぬけると、光にあふれた広場にでる。重要な運河ばかりか、こうしたカンポに面しても立派な邸宅が並ん

カンポ・サン・ポーロ

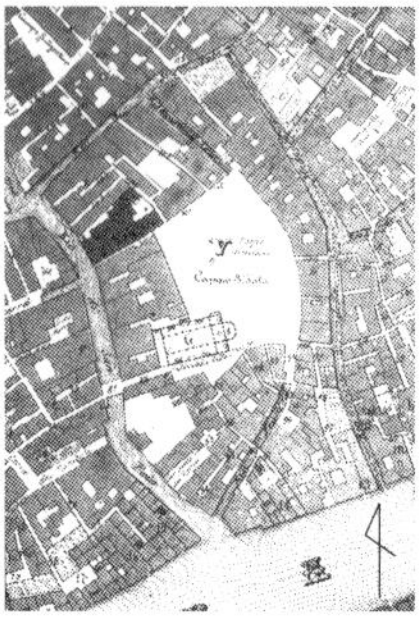

カンポ・サン・ポーロの周辺
(Combattiの地図、一八四六年より)

で、華やかな雰囲気を生んでいる。カンポは、人びとの生活に欠かせない多目的な公共空間であり、露天市が立ち、宗教的祭礼がおこなわれ、また子どもの遊び場、主婦たちの社交場でもある。カンポはまた、その地下に雨水を溜める大きな貯水槽が設けられ、飲料水を供給する場でもあった。ヴェネツィアは中世のある段階から馬の通行を禁止し、まさに人間のための都市空間を形成した。人びとの暮しと密接に結びついた広場がこれほど発達し、今なお使いこなされている都市は他にない。

そして、運河と広場、あるいは街路のあいだを結ぶ、いかにもヴェネツィアらしい狭いカッレ(路地)にそって、庶民の住宅が建ち並ぶ。それらは中世から、貴族住宅の空間を縮小した二列構成をとり、いかにもヒューマン・スケールの街らしく、装飾的な連続アーチ窓でカッレを飾っている。街角の名もない小建築が美しいのも、ヴェネツィアの大きな魅力である。こうした庶民の住宅には庭はない。せいぜい明り取りのほんの狭い中庭にすぎない。カッレこそが近隣の人びとにとってのコミュニティ空間としても機能したのである。

ヴェネツィアは、建築の様式にオリエントの香りをたっぷり取り込んだばか

路地（カッレ）**に面する庶民住宅群**（十四世紀）

りか、住宅の空間構成から都市の外部空間の組立て方にいたるまで、通常のイタリアの内陸の都市とはいささか異なる、地中海世界ならではの特徴ある生活空間のあり方をよく示している。

本書では、地中海周辺のさまざまな地域をめぐりながら、長い歴史のなかでつくられた都市と住居をできるだけ具体的に観察してきた。イスラーム圏とヨーロッパでは、もちろん宗教も違えば、生活習慣も異なる。だが、似たような気候風土と文化の質をもっていることもみえてくる。

従来、建築の分野では、宗教建築や宮殿など、モニュメンタルな建築を対象に様式の歴史としてみるのが一般的だったから、その眼には、南欧のキリスト教世界と西アジア・北アフリカのイスラーム世界はまったく別のものとしてとらえられ、それぞれの発展史を描くことで終わっていた。だが、この本で試みたように、都市構造や住居のつくり方に目を向けると、同じような遺伝子をもつ、似た性格を示す空間がさまざまなレベルで見出せるのである。違いばかりか、むしろ共通性がたくさんあり、また、直接的な影響関係や異文化の融合が随所にみられることもわかる。

自然の恵みのもと、古代から高度な都市文明を築き上げ、その経験を基層に受け継ぎ、多くの知恵を集積しながら発展した地中海世界の都市には、大勢の人びとが集まり、活発な社会・経済活動と豊かな生活環境を実現するための、じつに興味深い空間や場の形成の論理がみられるのである。活気にあふれた市場の賑わい。居心地のいい戸外空間。華やかな広場での演劇性。変化に富む土地の条件を生かした個性あふれる都市の風景。

機能性と効率ばかりを重視した近代の工業化社会が終焉《しゅうえん》した今、都市はふたたび、豊かな暮しの場、多様な交流の場、あるいは文化の形成の場としての本来的な役割を期待されている。地中海世界の都市と住居のあり方は、個性豊かな生活空間とゆとりあるライフスタイルを実現したいと願う日本のわれわれに、大きな想像力を与えてくれよう。

参考文献

浅見泰司編『トルコ・イスラーム都市の空間文化』山川出版社　二〇〇三年
E・アーレン（増田和彦・高砂正弘訳）『南イタリア――石の住まい』学芸出版社　一九九三年
石鍋真澄『聖母の都市シエナ』吉川弘文館　一九八八年
小川熙『イタリア12小都市物語』里文出版　二〇〇七年
川成洋・坂東省次編『南スペイン・アンダルシアの風景』丸善　二〇〇五年
木島安史『カイロの邸宅――アラビアンナイトの世界』（建築巡礼）丸善　一九九〇年
後藤久『西洋居住史――石の文化と木の文化』彰国社　二〇〇五年
陣内秀信『都市のルネサンス――イタリア建築の現在』（中公新書）中央公論社　一九七八年（『イタリア　都市と建築を読む』講談社＋α文庫に再収　二〇〇一年）
陣内秀信『ヴェネツィア――都市のコンテクストを読む』（SD選書）鹿島出版会　一九八六年
陣内秀信（執筆協力　大坂彰）『都市を読む――イタリア』法政大学出版局　一九八八年
陣内秀信『ヴェネツィア――水上の迷宮都市』（講談社現代新書）講談社　一九九二年
陣内秀信『都市の地中海――光と海のトポスを訪ねて』NTT出版　一九九五年
陣内秀信『南イタリアへ！――地中海都市と文化の旅』（講談社現代新書）講談社　一九九九年
陣内秀信『歩いてみつけたイタリア都市のバロック感覚』小学館　二〇〇〇年

陣内秀信『シチリア――〈南〉の再発見』淡交社　二〇〇二年
陣内秀信編『南イタリア都市の居住空間』中央公論美術出版　二〇〇五年
陣内秀信・新井勇治編『イスラーム世界の都市空間』法政大学出版局　二〇〇二年
陣内秀信・福井憲彦『地中海都市周遊』（中公新書）中央公論新社　二〇〇〇年
陣内秀信・三谷徹・糸井孝雄ほか『広場』（S・D・S）新日本法規出版　一九九四年
陣内秀信・柳瀬有志『地中海の聖なる島　サルデーニャ』山川出版社　二〇〇四年
野口昌夫『南イタリア小都市紀行』（建築巡礼）丸善　一九九一年
B・S・ハキーム（佐藤次高監訳）『イスラーム都市――アラブのまちづくりの原理』第三書館　一九九〇年
八尾師誠編『銭湯へ行こう・イスラム編』TOTO出版　一九九三年
羽田正・三浦徹編『イスラム都市研究　歴史と展望』東京大学出版会　一九九一年
深見奈緒子『世界のイスラーム建築』（講談社現代新書）講談社　二〇〇五年
藤塚光政撮影、L・アリサバガラ他『パティオ――スペイン・魅惑の小宇宙』建築資料研究所　一九九一年
L・ベネーヴォロ（佐野敬彦・林寛治訳）『図説都市の世界史』全四巻　相模書房　一九八三年
三浦徹『イスラームの都市世界』山川出版社　一九九七年
山本達也『トルコの民家』（建築探訪）丸善　一九九一年

図版出典一覧

G. Bellavitis &G. Romanelli, *Venezia,* Venezia, 1985　*80, 81*下
M. Fagiolo & V.Cazzato, *Lecce,* Roma-Bari, 1984　*63*上
L. Fino, *La Costa a' Amalfi e il Golfo di Salerno,* Napoli, 1995　カバー表
E. Guidoni, *Vicoli e cortili - tradizione islamica e urbanistica popolare in Sicilia,* Palermo, 1989　*57*上
B. S. Hakim, *Arabic Islamic Cities,* London ,1986.　*17*上, *25*中
P. Maretto, *L'edilizia gotica veneziana,* Roma, 1960　*85*
B. Maury, *Palais et maisons du Caire du XIV*[e] *au XVIII*[e] *siècle IV,* le Caire, 1983　*19*上, *19*中
L. Micara, *Architettura e spazi dell' Islam-Le istituzioni collettive e la vita urbana,* Roma ,1985　*11*中
G. Michell ed., *Architecture of the Islamic World,* London, 1978　*11*上, *37*上
P. M. Montavez e C.R.Bravo, *Europa islamica,* Novara, 1991　*37*下
Planimetria della città di Venezia edita nel 1846 da Bernardo e Gaetano Combatti, Venezia 1982　*86*左
陣内研究室『季刊 iichiko 特集・サルデーニャの文化学』No.32　1994　*67*上
陣内研究室『季刊 iichiko 特集・シチリア都市の文化学』No.41　1996　*57*中, *59*左
陣内編　2005　*75*
陣内・新井編　2002　*7*上, *7*下, *11*下, *17*下, *25*上, *25*下, *29*下, *30*左
陣内秀信・柳瀬有志「サルデーニャの古層を探る」『SPAZIO』No.51　1995　*67*中
福井憲彦・陣内秀信編『都市の破壊と再生』相模書房　2000　*63*下
法政大学陣内研究室・鶴田佳子「トルコのキャラバン都市／ギョイヌック」『SD』2000.4　*33*上, *33*中, *43*右, *47*下
法政大学陣内研究室報告書『ARCOS DE LA FRONTERA 1999-2003』2003　*47*上, *47*中
法政大学大学院エコ地域デザイン研究所・陣内研究室報告書『アンダルシアのアグロタウン』2005　*51*
アマルフィ文化歴史センター提供　*71*上
ヴェネツィア国立公文書館蔵　Donatella.Calabi 氏提供　*81*上
カサレス市役所提供　*52*
著者提供　カバー裏, 扉, *4, 6, 7*中, *8, 9, 12, 14, 15, 18, 19*下, *21, 22, 23, 24, 26, 27, 28, 29*上, *30, 31, 32, 33*下, *34, 35, 36, 38, 40, 41, 42, 43*左, *44, 45, 46, 48, 49, 50, 53, 54, 55, 56, 57*下, *58, 59*右, *60, 61, 62, 64, 65, 66, 67*下, *68, 69, 70, 71*下, *72, 73, 74, 76, 77, 78, 79, 81*中, *82, 83, 84, 86*右, *87*

世界史リブレット㉓

地《ち》中《ちゅう》海《かい》世《せ》界《かい》の都《と》市《し》と住《じゅう》居《きょ》

2007年5月25日　1版1刷発行
2025年8月30日　1版5刷発行

著者：陣内秀信《じんないひでのぶ》

発行者：野澤武史

装幀者：菊地信義

発行所：株式会社 山川出版社

〒101-0047　東京都千代田区内神田1-13-13
電話　03-3293-8131(営業)　8134(編集)
https://www.yamakawa.co.jp/

印刷所：信毎書籍印刷株式会社

製本所：株式会社 ブロケード

ISBN978-4-634-34730-4

世界史リブレット　第Ⅰ期［全56巻］

〈すべて既刊〉

1 都市国家の誕生
2 ポリス社会に生きる
3 古代ローマの市民社会
4 マニ教とゾロアスター教
5 ヒンドゥー教とインド社会
6 秦漢帝国へのアプローチ
7 東アジア文化圏の形成
8 中国の都市空間を読む
9 科挙と官僚制
10 西域文書からみた中国史
11 内陸アジア史の展開
12 歴史世界としての東南アジア
13 東アジアの「近世」
14 アフリカ史の意味
15 イスラームのとらえ方
16 イスラームの都市世界
17 イスラームの生活と技術
18 浴場から見たイスラーム文化
19 オスマン帝国の時代
20 中世の異端者たち
21 修道院にみるヨーロッパの心
22 東欧世界の成立
23 中世ヨーロッパの都市世界
24 中世ヨーロッパの農村世界
25 海の道と東西の出会い
26 ラテンアメリカの歴史
27 宗教改革とその時代
28 ルネサンス文化と科学
29 主権国家体制の成立
30 ハプスブルク帝国
31 宮廷文化と民衆文化
32 大陸国家アメリカの展開
33 フランス革命の社会史
34 ジェントルマンと科学
35 国民国家とナショナリズム
36 植物と市民の文化
37 イスラーム世界の危機と改革
38 イギリス支配とインド社会
39 東南アジアの中国人社会
40 帝国主義と世界の一体化
41 変容する近代東アジアの国際秩序
42 アジアのナショナリズム
43 朝鮮の近代
44 日本のアジア侵略
45 バルカンの民族主義
46 世紀末とベル・エポックの文化
47 二つの世界大戦
48 大衆消費社会の登場
49 ナチズムの時代
50 歴史としての核時代
51 現代中国政治を読む
52 中東和平への道
53 世界史のなかのマイノリティ
54 国際体制の展開
55 国際経済体制の再建から多極化へ
56 南北・南南問題

世界史リブレット　第Ⅱ期［全36巻］

〈すべて既刊〉

57 歴史意識の芽生えと歴史記述の始まり
58 ヨーロッパとイスラーム世界
59 スペインのユダヤ人
60 サハラが結ぶ南北交流
61 中国史のなかの諸民族
62 オアシス国家とキャラヴァン交易
63 中国の海商と海賊
64 ヨーロッパからみた太平洋
65 太平天国にみる異文化受容
66 日本人のアジア認識
67 朝鮮からみた華夷思想
68 東アジアの儒教と礼
69 現代イスラーム思想の源流
70 中央アジアのイスラーム
71 インドのヒンドゥーとムスリム
72 東南アジアの建国神話
73 地中海世界の都市と住居
74 啓蒙都市ウィーン
75 ドイツの労働者住宅
76 イスラームの美術工芸
77 バロック美術の成立
78 ファシズムと文化
79 オスマン帝国の近代と海軍
80 ヨーロッパの傭兵
81 近代技術と社会
82 近代医学の光と影
83 東ユーラシアの生態環境史
84 東南アジアの農村社会
85 イスラーム農書の世界
86 インド社会とカースト
87 中国史のなかの家族
88 啓蒙の世紀と文明観
89 女と男と子どもの近代
90 タバコが語る世界史
91 アメリカ史のなかの人種
92 歴史のなかのソ連